神奈川の記憶

渡辺延志著　有隣堂発行　有隣新書——83

はじめに

「神奈川の記憶」は二〇一五年十月に朝日新聞神奈川版で始まった。何をめざすのか。第一話にこう記した。

「身近な歴史をテーマにした企画を始めます。人に会い、街を歩き、本や資料を探し、博物館をのぞき……この地に宿る様々な記憶をたどりながら足元の歴史に目を向けてみます」

それから途切れることなく夢中で書き続けた。ほぼ毎週の連載が足かけ四年に及んだ二〇一八年二月には一つの節目と考えていた百話を迎えた。相前後して、横浜市歴史博物館で二〇一八年十一月から二〇一九年一月まで「神奈川の記憶展」の開催が決まった。そうしたことを契機にまとめたのが本書である。

基本的に一話完結で書いてきた。対象は先史時代や考古学の領域から、現代史に至るまで数万年にわたった。思い付くままに取材し書いてきたそうした記事の中から四十二話を選びテーマごとに分類し、配列した。そのうえで行数の制約から新聞では書けなかった情報や私の考えを加筆し、一方で不要になった情報は削除した。なお年齢や肩書き、数字などは新聞掲載時点のものである。

近隣国との間で、あるいは国内でも、歴史をめぐる軋轢、争いが絶えない中、新聞記者の果たすべき役割とは何かを自問しながら歴史を主な取材対象として生きてきた。そうした活動のしめくくりと考え書き続けてきた。

虫の目で、草の根の地域史を描いてみようと考えた。埋もれた歴史を掘り起こし、新たな視点を求める実験でもあった。教科書で教わることも、ドラマの舞台となることもなく、馴染みのない歴史かもしれない。英雄は登場しないし、有名人もめったに出てこない。だが、目を凝らしてみると、その先にはさらに広い世界が広がっていることが見えて来るはずだ。

歴史を考える時に、何かの一助になれば幸いである。

《目　次》

第三章　対米戦争へと向かう道……157

本書掲載の写真・図版のうち、所蔵者、提供者などの記載のないものは朝日新聞社提供。

第一章　身近な文化に新たな気づき

埋もれていた人物、忘れられた身近な歴史を掘り起こすことは当初から大きな目標だった。新たな事実を見つけ出したいのは新聞記者の本能のようなものだ。

だが、それだけではない思いがあった。歴史の取材を本格的に始めた一九九〇年代の後半は、歴史をめぐる確執が顕著になった時期だった。日の丸・君が代の法制化や、歴史教科書のあり方が熱を帯びて議論されていた。どう考えたらいいのかを知りたくて歴史家を訪ねて歩いた。

そこで知った研究の潮流があった。歴史像がどのように構築されたのか、その来歴を問い直そうという試みだった。伝統とされるものの多くは、近代になり創造されたものであることが明らかになっていた。多くは近代の国民国家の〈神話〉として創り出されていた。伝統的と思っていたことの正体を知り驚いた。

その視点を応用して、具体的な素材を探し出し見つめ直してみよう。身近な文化の歴史や文化財は最も分かりやすい手がかりになるはずだ。

歴史とはナイーブに存在するものではなく、必要に応じて見つけ出されるものであり、必要がなければ忘れられる。そんなことを痛感する作業となった。

一　幻の画家　笠木治郎吉【上】（第百十五話）

一本の電話がすべての始まりだった。

二〇〇三年一月七日。鎌倉市坂ノ下のかさぎ画廊にかかってきた電話は、こう問いかけた。

「Ｊ・Ｋａｓａｇｉというサインの画家を知りませんか」

電話を受けた笠木和子さん（八九）は驚いた。夫の父の治郎吉は画家だった。電話はこうも語った。

「Ｊ・Ｋａｓａｇｉの作品を持っています」

笠木家に残る治郎吉の作品は下絵一枚だけだった。かつて栃木県の食堂に二点飾ってあったが、いつの間にか売り払われ行方が分からなくなっていた。探してきたが、ほかに消息はつかめなかった。

電話の主は愛知県の美術品コレクターだった。ロンドンの画商のもとで作品に出あった。「美術史上無名の作家の作品で、これほどすばらしいものがあるとは」との思いから作品の収集に乗り出し、画家の姿を追い続けていた。

英国から入手した治郎吉の水彩画。こうした働く人々の何げない姿を治郎吉は多く描いた。ユリは球根が横浜港から盛んに輸出され、欧米の人にとっては日本をイメージさせる花だったようだ＝かさぎ画廊提供

北陸に多い姓だと知り、福井県と石川県の電話帳を取り寄せ、笠木姓の家すべてに手紙を出した。だが収穫はなかった。

◇　◇

一九〇〇（明治三十三）年の明治美術会の会員名簿に笠木治郎吉という名前を見つけた。横浜市末吉町という住所を頼りに、横浜の笠木姓の家に電話をかけた。

横浜全域をかけつくしても、手がかりはなかった。そこで電話番号案内に問い合わせると、「鎌倉と横須賀に〈かさぎ〉と名のつく画廊がありますが」と教えてくれた。

そこでかけた電話が和子さんにつながった。治郎吉の死から八十二年、いつか治郎吉の作品に出会いたいとの願いをこめ和子さんが横須賀で「かさぎ画廊」を始めてから三十年が経っていた。

さっそく愛知県のコレクターを訪ね、治郎吉の作品と対面した。

提灯屋を描いた作品は、提灯に筆を走らせる年配の男性のわきで、若い女性が提灯を軒先にかけている。

「帰農」と題した作品は籠を背負った若い母親が男の子の手を引いて家路につくという構図。いずれも水彩で、共通するのは温かい家族の姿と働く日常の光景だった。

和子さんと長男英文さん（七〇）で治郎吉の人生を調べ始めた。

笠木治郎吉　笠木家にたった１枚伝わる肖像写真だ＝かさぎ画廊提供

治郎吉の妻ヨシ　治郎吉に絵を習っていて結婚。20 以上も年の離れた夫婦だった。治郎吉の描く若い女性の姿には、ヨシの面影が漂う＝かさぎ画廊提供

幕末の一八六二年の生まれ。北陸金沢の出身と伝わるが特定できなかった。十代で横浜に出て絵を描き始め、二十代前半で妻と子どもを亡くした。九〇年には渡米していた。横浜出身の洋画家・矢田一嘯《いっしょう》のアシスタントをしていたことも分かった。一九〇五年にヨシと結婚。二一年に死亡した。

治郎吉の生涯をたどるにはほかにも手がかりがあった。和子さんの記憶だ。六〇年に亡くなった義母ヨシから治郎吉の思い出話を聞いていた。五九年に亡くなった夫の力造は、幼くして死別した父親のことを語ることはほとんどなかった。

——治郎吉の絵は人気があったが、気が向かないと描かなかった。スケッチが好きで、よく

茨城県の霞ケ浦など遠くまで出かけていた。下絵を大切にしてほしいと言い残していたが、亡くなった後に関東大震災で自宅にあった作品をすべて失ってしまった――

治郎吉の作品を買っていたのは外国人であることも分かった。「Ｊ・Ｋａｓａｇｉ」の情報を求める英文の呼びかけをかさぎ画廊のホームページに載せた。

少しずつだが情報が寄せられた。

◇　　◇

二〇〇八年にはオランダの画商を通して、治郎吉の作品を初めて入手した。同年には米国で不動産業を営む女性から連絡があり、和子さんと英文さんの二人で訪問した。セミを捕る子どもの姿と、獲物を手にした猟師の姿の二枚を大切にしてくれていた。

一〇年には南米のチリから連絡があった。若い女性の肖像画で、曽祖母のいとこのようだが、日本を訪れた祖先はいないという。治郎吉が米国を訪問した時に描いた可能性がありそうだ。

アルゼンチンからも、英領マン島からも情報や問い合わせが届いた。

徐々に治郎吉の作品が見えてきた。

◇　　◇

横浜美術館の学芸員を長くつとめた三溪園保勝会副理事長の猿渡《さわたり》紀代子さんは「高度なテクニックで丁寧に絵を描いた。まったく手を抜かない。あまり精緻だととかく硬くて面白くなくなりがちですが、治郎吉の絵は生き生きとしている」と評価する。「見れば貴重さはわかります。だから作者の名前は分からなくても外国で世代を超えて作品が伝えられたのです」とも。

それほどの画家がなぜ無名のまま終わったのか。幻の画家となった背景と作品の魅力を次回でたどりたい。


（二〇一八年六月九日掲載）


笠木治郎吉の渡米は外交史料館に残っていた渡航記録から明らかになった。一八九〇年といえば、明治憲法が発布された翌年、日清戦争の四年前のことだ。そこで何をしたのかは分かっていないが、帰国してからはパノラマ画に取り組んでいた。大がかりな見世物としての絵であり、映画が普及する前の娯楽だった。米国では南北戦争のパノラマ画が人気を集めていたというが、治郎吉が手がけたのももっぱら戦いの絵で、蒙古襲来といったものが題材だったようだ。

治郎吉が描いたとされる絵が残っているが、豆粒のような人間が戦い、つまり殺し合っているという光景だ。精細に描かれているが、人間は構図の一部でしかない。

「J・Ｋａｓａｇｉ」としてその後に治郎吉が残した作品は、一人一人の人間が主人公だ。何気ない日常の光景の中で、生きている民衆の姿を描き出している。

その二つの世界の間の越えがたい溝こそが、治郎吉を理解するかぎなのだろう。日清戦争、日露戦争、日韓併合といった大日本帝国の拡大期にあたる時期に、治郎吉は生活の周辺に、働く人々の姿や子どものしぐさに、人間としての喜びを見つけ出そうとしていたように思えてならない。

次郎吉の存在は京都大学の高木博志教授に教えられた。ちょっとしたきっかけで、私が最後の仕事として「神奈川の記憶」を書いていると伝えると、「笠木治郎吉を書かないでやめてはいけません」と資料が送られてきた。

記事の載った新聞を送ると、「笠木治郎吉への思いを共有できたことがうれしい」とのお便りをいただいた。私と高木さんだけではない。この絵を目にすれば、たいがいの人は思いを共有できるはずだ。心を動かす何かがある。

二　幻の画家　笠木治郎吉【下】（第百十六話）

明治から大正にかけて横浜で活動した画家笠木治郎吉（一八六二〜一九二一）の作品は三十点余が日本国内で確認されている。ほとんどが海外で見つかり里帰りしたもののようだ。

京都市で画廊を経営する星野桂三さんは、二十年ほど前に、京都の美術市場で初めて治郎吉の作品を目にした。英国から里帰りしたが作者を特定できないまま放置され、処分のために市場に出されたと聞いた。

「これが水彩画なのかと驚きました。光沢があり油彩のような雰囲気。ほかの作家にはない作風でした」と振り返る。

星野さんは十数点を所蔵している。「治郎吉は本格的な一流の水彩画家。通り一遍ではない深さがある。浮世絵と同じで、外国へ行って評価されたのです」

◇　　◇

治郎吉の作品は横浜のサムライ商会を通して販売された。外国人向けに美術骨董やお土産を扱う「キュリオ・ショップ」の代表的存在だった。

そのために〈お土産絵〉と分類され、評価を妨げた側面があるようだ。「お客は英米などの外国人でした。美意識が高いから買ったのであり、単なるお土産という意識はなかったはずです」と星野さん。

「海辺の姉弟」　この作品も身近な家族がモデルだったようだ。欧州の骨董市場に出たのをオランダの画商を通して入手した＝かささぎ画廊提供

　横浜の美術史に詳しい元横浜美術館学芸員の猿渡紀代子さんは「横浜絵と称される絹地写真画の五姓田芳《ごせだほう》柳《りゅう》も写真の下岡蓮杖《れんじょう》も、横浜浮世絵にしてもそうですが、横浜の美術は外国人向けのお土産の性格を持っていました。単なるお土産ではないのですが、アカデミックな作品とは別世界のものと見なされがちなのです」と指摘する。

「下校の子供」 1909（明治 42）年。門には「村立尋常小」とあるが、どこの学校なのだろう。水彩画だが油絵のような雰囲気がある。子どもの持つ帳面にある文字から制作年が特定できた＝星野画廊（京都市）提供

治郎吉の作品が日本に残っていない理由が見えてきた。「この当時、日本には美術品のマーケットがまだありません。治郎吉の作品を買ってくれる人が日本にはいなかったのです」と星野さんは説明する。

「大きな美術団体に出品することもなく、日本に作品もないのですから評価のしようがない。必然的に埋もれてしまった」と猿渡さんは考える。「関東大震災でサムライ商会の資料が失われた影響も大きい。販売した作品のリストとか、価格表でも残っていればと思えてなりません」とも。

独特の作風にも背景があるようだ。「写真に彩色した絵はがきが外国人に人気だったのですが、それを水彩画で表現したようにも見えます」と星野さん。

日本の近代文化史を専門とする京都大学の高木博志教授は、描いた人々に治郎吉が注いだ視線に注目する。

「小説、ルポルタージュや美術などで〈社会〉への関心が高まるのは日本では二十世紀になってからのことです。それに先立ち治郎吉の作品には市井の人々へのまなざしがあるのです」

フランスでミレーが「落ち穂拾い」を描いたのは一八五七年。農村の風景や働く農民の姿など日常の光景に画家の視線が注がれ、ミレーの住んだ村の名前からバルビゾン派と呼ばれる潮流となる。

「市井の人々の生活や風俗を画題として社会に向き合った欧州絵画への知識や憧憬がなければ、おそらく治郎吉の画業は成り立たなかっただろう」と高木さんは考える。

治郎吉は時代に先がけ独自の世界を開いていたともいえそうだ。

◇　◇

「J・Kasagi」のサインと笠木治郎吉が結びついて十五年。作品が徐々に確認された。治郎吉の人生は、息子の妻の笠木和子さんと、その長男英文さんが追い続けて、見えてきた。若くして妻と子どもを亡くし、四十代で再婚しても次々と子どもを亡くしていたことがわかった。

「悲痛な人生だったはずです」と英文さん。

それなのに治郎吉は愛情あふれる家族の姿を描き続けた。「亡くなった子どもたちを自分の絵筆でよみがえらせ、絵の中で家族一緒に幸せな暮らしをさせてやろうとしたのでは」と英文さんには思えるという。

作品には若い女性が多く描かれているが、「義母の面影が漂う」と和子さんは見る。夫の母に当たるヨシは、結婚する前に横浜で治郎吉に絵を習っていた。その当時、作品のモデルをしたと聞いたこともある。家族への愛情が治郎吉の作品の根源にはあるようだ。

「こんな画家がいた、とようやく語れる段階になりました」と猿渡さん。「黒田清輝から日本の近代美術史が始まるといった意識は依然としてあるのですが、治郎吉はそうした枠に収まりません」とも。

〈お土産絵〉に代えて、〈ツーリスト・アート〉という新概念を猿渡さんは提唱する。対象は治郎吉だけではないという。

「美術史上に位置づけられることなく埋もれた作家はほかにもいるのです。海外へと門戸を開いた横浜にはユニークな独自の歴史があるのです」

知ったつもりになっていた歴史の正体を、また考えさせられた。

（二〇一八年六月十六日掲載）

若くして夫の治郎吉を亡くしたヨシはその後、肖像画家として笠木家を支えた。日本が戦争に敗れ、米軍が進駐すると、横須賀基地の米兵からの依頼が中心となった。写真をもとに、家族や恋人などの姿を描きあげたという。

通訳をしていた力蔵が、当初は営業をしていた。ところが、その力蔵が病気になり、幼い子どもを抱えた和子さんにその仕事が回ってきた。そこがスタートとなり、やがて横須賀での画廊開設へとつながってゆく。絵を通して脈々とつながった家族の歴史が、治郎吉の記憶を伝えていた。

治郎吉について書かれたものは少ない。その中には、治郎吉を〈アーチザン〉とするものがあった。芸術家（アーチスト）ではなく、職人だという位置づけのようである。これが猿渡さんの指摘する「アカデミックと別世界」との認識なのだろう。美術学校を出ていない、あるいは美術団体の評価を受けていない、というなら北斎も広重も芸術家ではない。

専門家と呼ばれる人の評価がないと安心できないのは、最近の美術骨董品に始まったことではない。〈極め付き〉〈折り紙付き〉といった言葉は、専門家の鑑定が付いているという意味であり、それを業として伝承した家もあったほどだ。

評価が難しいという事情が、作品そのものではなく、「描いたのは誰か」という視点で作品を見る習慣を当たり前のこととしたのだろう。

素直に、素朴に絵に向き合ってみるのがいい。よければ、それでいい。好みでなければ、それまでのこと。そんなことを治郎吉は語っているように思えてならない。

三　神道指令と大山【上】（第九十八話）

春の農耕の始まりを前に豊作を祈願する祈年祭は、神社において最も根源的な儀式の一つとされる。一九四六年二月十七日、伊勢原市の大山阿夫利神社では戦後初めての祈年祭が執り行われたが、そこには特別な訪問者があった。

午前十時二十分、坂道をのぼり一台のジープが到着した。降り立ったのは四人。米国人が三人で、日本人一人が付き添っていた。

大山名物のケーブルカーは三一年の開業だが、戦時中に〈不要不急線〉としてレールが取り外されていた。

標高七百メートルほどの下社を目指す一行のため、神社は山かごを用意していた。男二人で担いだが、米国人を乗せるのは大変だったようだ。まず良弁滝で一休みし、先導師宅や追分、大山寺でも休憩し、下社に着いたのは正午近くだった。

一行は、宗教課長のウィリアム・バンス少佐らＧＨＱ（連合国軍総司令部）のスタッフだった。

「今では知る人もほとんどいないこの訪問は、日本の神社のその後に大きな意味を持ってい

ＧＨＱ宗教課一行を迎えるまでの経緯を記したノート。研究者の小倉にはフィールドワークを丹念に記録する習慣があった

た」と鎌倉市の三橋健さんは指摘する。元国学院大学教授で神道学者の三橋さんは、当時の記録を読み解いた。

◇　◇

石川高専（石川県）の教授などをつとめた小倉學が残したもの。神社の歴史や由緒などを調べる内務省神社局考証課に三七年から勤務していた小倉は、大山にバンス少佐らを迎えるために奔走した経緯を小さなノートに詳細に記録していた。

「関係者の緊張感が伝わってきます」と三橋さん。

その緊張感の背景は、通訳を兼ねて大山に同行した岸本英夫の回想録を読むと理解できる。

「欧米人は、戦場における日本の兵隊の向こう見ずにも似た捨て身の〈強さ〉には驚嘆せざるを得なかった。国家神道というものこそ狂信的な戦闘にかりたてる魔術の種に相違ないという判断が下されていた」

東京帝国大学の宗教学の助教授だった岸本はＧＨＱ顧問として日本側との窓口役をつとめていた。偏狭な国家主義思想に凝り固まった扇動的な宗教だとして、国家神道は解体の対象だった。

バンスは四五年十月にも大山を訪ねていた。その様子を大山小学校の白鳥宏校長が書き残していた。

「命令で調べに来た」と宣言し社務所には靴を脱がずに上がり、玉串をささげるよう促されると拒み、出された料理には一切手を付けなかった。バンスは旧制松山高校で教員をしたことがあり日本の習慣は知っていたはずで、警戒感、敵対感を示す行動なのだろう。

大山阿夫利神社の芳名帳に記したバンス少佐のサイン。「とても楽しい訪問」とある＝三橋健さん提供

この時期にＧＨＱは関東地方のいくつかの神社を視察していた。靖国神社にも足を運んでいる。

そして四五年十二月十五日、国家と神道との分離を命じる「神道指令」をＧＨＱは発した。バンスが起草したもので、神社への政府などの

大山阿夫利神社の巫女舞。撮影時期は不明だが戦前の絵はがき。バンス少佐らが見たのはこうした光景だったのだろう＝神奈川県郷土資料アーカイブ提供

公的保護の停止、神道施設の公的機関からの撤去などを指示した。四六年の元日には天皇が「人間宣言」を行った。国家神道の解体が進められた。

◇　◇

一方、神社の扱いは不透明だった。「神社もつぶすつもりだ」と覚悟した関係者も多かったという。そのような状況下、バンスの大山訪問が再度計画された。

「神社を存続させるために、民衆の信仰であることを見せようとした」と三橋さんは分析する。

発案者は考証課長だった宮地直一。東京帝大の神道講座の主任教授だった宮地は、岸本らと念入りに打ち合わせを重ねていた。一方の小倉は繰り返し大山を訪ね、準備を進めていた。

二月の大山は寒さが厳しい。下社に着いた一行にはすかさずお茶とお菓子が出された。本殿では巫女舞が披露された。大山では小学生が舞う。小倉は〈童女〉と記している。昼食は刺し身やナマコの酢の物などの和食でお神酒もついた。神社の由来の説明や宝物類の解説があり、記念品としてだるま落としや絵はがき、登山用の白衣などが渡された。芳名帳にストップ大尉は「丁重なおもてなしのお礼に」と記している。日本側の狙いは果たせたようだ。

それにしても数多い神社の中から大山を選んだのはなぜだったのか。

「東京から日帰りできる中で、国家神道のイメージから最も遠い神社を考えれば大山が浮かぶのは自然なこと。明治の神仏分離以前は修験道の色彩が濃く、山登りは行楽で、巫女舞は民衆芸能に見える。とても戦争の原因とは思えない」と三橋さん。

占領が終わるまで宗教政策の責任者だったバンスは歴史学者で、宮地の家をたびたび訪ねて意見を交わしていた。米国留学の経験のある岸本は、バンスに日本の宗教事情を懇切に説明していた。そうした末に実現したのが大山の再訪だった。そして日本の神社は生き残った――。記録を読み解いた三橋さんはそんな思いを深めている。

（二〇一八年二月十日掲載）

国学院大学で教授をされていた時に三橋さんとは知り合った。神道とは、神社とは、そんなことを教えてもらってきた。

その三橋さんが数年がかりで資料を整理し読み解いたと聞き、さっそく話を聞きに鎌倉へと出かけた。その説明はとても興味深く、かつ実証的で説得力があった。

だが、今日につながる宗教の歴史の根幹にかかわる新たな事実だ。記事にするためには慎重を期したい。そのためには補完する資料がほしい。

真っ先に手に取ったのは宗教学者岸本英夫の著作集だった。どこかに何か記録しているはずだと思った。すると、予期した通りに貴重な証言が眠っていた。それは小倉學の記録と一致する。

そうした記録をたどってみると、バンスらGHQの担当者はかなりの数の神社を訪ねていた。「神社を救った」として関係者が注目する神社が埼玉にあるのだが、それは訪ねた神社の一つであるのは確かだが、訪問は神道指令を出す前の時期のことで、文脈的に理解しにくいことがわかった。岸本はこの問題をめぐってはキーパーソンとして知られ、著作集は一般の書籍であり、ある程度の図書館ならたいがい目にすることができるはずだ。そうした基礎的な資料の検討すらしないままに、それらしい言説が流布されていることに驚いた。都合のいい資料だけを、都合よく解釈して歴史像が描かれることを教えてくれる。

ＧＨＱの神道政策を振り返ってみると、靖国神社を含め、今日の私たちが直面している神社や神道をめぐる問題や論争の根源がどのあたりにあるのか、そのヒントが見えてくるのではないだろうか。

四　神道指令と大山【下】（第九十九話）

戦後間もなく連合国軍総司令部（ＧＨＱ）が発した神道指令と伊勢原市の大山阿夫利神社のかかわりは、ＧＨＱ宗教課長のウィリアム・バンス少佐らを迎えただけではなかった。神社が舞台となり神道指令違反だとして罪に問われる事件があった。

大山小学校の白鳥宏校長が経緯を書き残している。

「終戦の詔書によると、日本は大転換をして、文化国家として出発することになった。ついては中郡下の生徒の書画の展覧会を大山阿夫利神社で開いて人心の転換を図ろう」という話が持ち上がったのは一九四五年九月末だった。

「どこの学校でもやることがなく困っていた」という事情もあり、すぐに実施が決まった。中地方文化振興会が主催、中地方事務所学務課長が審査長で、阿夫利神社が後援し経費の一切を負担することになった。

展覧会は十一月一日から一週間で、「寂しかった大山が見なおされたようなにぎわいを見せた」。表彰式は最終日に阿夫利神社社務所で行い、郡内全小学校から校長、教頭が出席した。

神道指令違反事件の舞台となった大山阿夫利神社の社務所。撮影時期は不明で、戦前の絵はがきから＝神奈川県郷土資料アーカイブ提供

「終戦によって沈滞した教育界に新しいのろしをあげたように宣伝された」と白鳥校長は記している。

ところが十二月十五日に神道指令が出ると一変。「いかなる教育機関においても神道の教義の弘布はその方法様式を問わず禁止」と命じていた。展覧会の賞状には後援の神社の印が押されていた。「進駐軍に知られたら大変だ」と、すでに渡した賞状は返還か廃棄するように通知し、違う印を作って賞状を再発行した。

ところが四八年二月、警察に呼ばれた。「展覧会の賞状授与式に参列し賛意を表しただろう」と問われた。

大山小学校ではその日に音楽会があり、表彰式には教頭が出ていたと説明。すると「教頭は校長代理なのだから認めてもらいたい」と〈哀願〉され、

「別にどうということない」との言葉に調書に署名した。

三月には米軍の取り調べを受けた。二十通近い手紙を見せられた。「神道指令違反だ」と告発する内容で、神社印のある賞状を同封したものもあった。学閥の確執を告発の背景として白鳥校長は挙げている。

阿夫利神社の目黒潔宮司と白鳥校長ら教育関係者の計五人が起訴された。

判決は九月にあり、五人とも有罪とされた。白鳥校長は懲役六月で執行猶予六月、罰金五千円だった。全員が控訴した。

◇　◇

軍国主義を生み出した源泉が国家神道だとして国家と神道の分離を図るのが神道指令の狙いだった。戦前の社会では国家神道は宗教ではないとされていたが、「宗教の一つとして信教の自由の対象とする」ことを目指したとバンス少佐は振り返っている。

指令が施行されると様々な違反事件が起こった。GHQ顧問だった宗教学者の岸本英夫は「進駐軍も日本全国をカバーする組織が大きくなって複雑になった。中央の意思がなかなか地方に伝わらないことが多かった。大山では学童の展覧会が大きな事件になった。そのような場合、バンス博士は内心同情しても、地方に指令する道はなく、どうすることもできなかった」と当時の事情を記している。

二審判決は五〇年に言い渡された。白鳥校長は無罪となったが、有罪となった三人は上告。裁判はさらに続いたが、社会情勢はまた変わり始めた。講和条約が成立し、日本が独立を回復すると、神道指令は法的効力を失った。最終的に全員が無罪となったが長い裁判だった。

「神道指令では一つの神社も閉鎖させなかった」と岸本は指摘している。だがそれは結論ではなく、宿題としてGHQ内部で様々に検討するうちに時間を費やし、決定に至らなかったためだったという。靖国神社などがそのまま残ったのもそのためだといい、「(日本人が)自分たち自身の手で、その運命の開拓をしてゆくことになったのである」と記している。

◇　◇

こうした戦後間もなくの大山での出来事は、今では語られることもなく、阿夫利神社にも資料は見当たらないという。

白鳥校長の回想は大山阿夫利神社権禰宜《ごんねぎ》の目黒久仁彦さん(三二)が見つけた。最高裁まで争った目黒潔宮司のひ孫で、神社の歴史を後世に伝えたいと資料を探していた成果で、国学院大学で教えを受けた三橋健さん(七八)に提供した。

詳細な記録を残した小倉學。現地で鉛筆で記し、それを整理して万年筆で清書するという徹底ぶりだった＝三橋健さん提供

バンス少佐を大山に迎えた元内務省神社局考証課の小倉學（一九一二〜二〇〇三）は、戦後は郷里の金沢市でまず高校教師となった。三橋さんはそこで教えを受けた影響で神道学者となり、恩師の遺品整理の中で記録を見つけ読み解いた。

三代にわたる師弟関係が埋もれていた歴史を掘り起こし、次の時代へと伝えることになった。「こうした人々の努力と苦労、経緯を経て神社が今日に至っていることを知ってほしい」と三橋さんは語った。

（二〇一八年二月十七日掲載）

伝統的なものには長い歴史がある。ついそう思いがちである。確かに神社やお寺の中には長い歴史を持つものがある。

だが、いつから、今のような姿をしているのかとなると、別の問題である。

大山は神奈川を代表する信仰の山。古くから修験道の霊場だったと聞いて来た。

だが、修験道とは何なのだろう。それは仏教なのか。それとも神道なのだろうか。今日の感覚からするとどうも分かりにくい。

修験道に限ったものではなく、仏教寺院の中に神社があり、神社の中に仏教施設があるのは、江戸時代までは何の不思議もないことだった。はるか遠くのインドの仏様にとって、あまりに遠いので別の姿で現れているのが日本の神様だ、といった理解がされていた。

江戸時代になり、国学者たちが「日本とは何か」と考える中で、日本独自の文化として神道に注目する。明治維新になり、新政府は神仏分離令を発する。多くのお寺が神社に変わった。そして、戦争に敗れて、また変身を求められた。それがＧＨＱによる神道指令だった。そして今日の神社の姿となった。

フランス革命は、〈理性の革命〉を標榜した。カトリックの教会は否定され、〈理性の殿堂〉と姿を変えた。ジャンヌ・ダルクが聞いたという神の声は、どのような異常による幻覚だったのかが医学者らによって検討された。ジャンヌが救世主として見つけ出されるのは、普仏戦争と第一次世界大戦という二つの戦争の苦境を通してであったとされる。そんなフランスでの歴史研究を思い起こす。

五　澤田美喜のキリシタン収集品（第二十八話）

キリシタン信仰を示すと鑑定された日本刀の鍔《つば》の展示が始まって一カ月余。大磯町の澤田美喜記念館には多くの人が全国各地から足を運んでいる。巧妙に細工された鍔からは厳しい禁教の時代を生き抜いた信仰の強さが伝わってくる。

「これは当初、見落としてしまったものです」

鑑定した中西祐彦さんが示した鍔には、網を引く漁師の姿が浮かんでいる。

「よく見ると左の胸に金色の十字があるのです」

ルーペでのぞくと確かに小さな十字が光っている。武士でなくても持つことができた脇差しの鍔で、武士ならば下級武士の所持品だという。

◇　◇

キリシタンの弾圧は豊臣政権が一五九六年に長崎で信者をはりつけにした〈二十六聖人の殉教〉から本格化する。江戸幕府も迫害し、一六三七年の島原の乱の後は一段と苛烈になる。

ＮＰＯ日本刀剣保存会（事務局・東京）理事の中西さんは数万枚の鍔を見てきたというが、「こんな物は初めてです」。作風、素材をもとに中西さんはこの鍔を禁教後の十七世紀の作だと分析。〈隠れキリシタン〉の信仰を示すと見る。

「禁教前はキリシタンであることを誇示しますが、禁教後は一目では分からない巧妙な図柄に変わります。工人もキリシタンでないと作れないでしょうね」

この図柄を学校法人関東学院の小河陽学院長（聖書学）は〈イエスが漁師ペテロを弟子にした〉という聖書の教えにちなむものと考える。「単なる日本風の漁師に見えますが、信者なら〈漁師＝イエスの弟子の象徴〉とすぐにわかるはずです」。漁師の足元には四匹の魚が描かれているが、四には〈隅々まで〉の意味があるといい、〈世界の隅々＝日本にまで〉を隠喩するのではと思いをめぐらす。

17 世紀の作だという鍔には漁師の姿があり、胸には小さな十字が光る

◇　　　◇

記念館は児童養護施設エリザベス・サンダース・ホームの創始者澤田美喜（一九〇一〜八〇）のコレクションを収蔵する。美喜

澤田美喜＝澤田美喜記念館提供

は三菱財閥を築いた岩崎弥太郎の孫として生まれ、外交官の澤田廉三と結婚。熱心なクリスチャンだった。

記念館の西田恵子さんによると、コレクションを始めたのは一九三六年。米国から戻る船上で隠れキリシタンを紹介する本を読んだのがきっかけだった。

帰国すると九州に出かけた。キリシタンの遺物が大切にされることなく散在していることを知り、「このままでは失われてしまう」と収集に乗り出した。岩崎家の財力を背景に、踏み絵やマリア像、禁制の高札といった品々が集まり、コレクションを紹介する本を四一年に出している。

だが敗戦で立場は大きく変わった。財閥解体や財産税で資産を失う。そうした時に、占領軍の兵士と日本女性の間に生まれた赤ちゃんが捨てられるのに心を痛め孤児の養育を思い立つ。大磯の岩崎家の別荘を買い戻し、四八年にサンダース・ホームを創立した。

苦難の連続だった。

絶大な権力の米軍がその活動を嫌った。米兵の悪行を表面化させ、反米感情をあおるものと見なした。

日本側も好意は示さなかった。〈敵国の子ども〉とか〈日本女性の恥〉と嫌悪感を示す人が多かった。

孤立無援の戦い。カーテンを外しておしめにした。おわんや器に始まり庭木や庭石、灯籠も売り払った。高価な銀のポット、皇室から拝領の花瓶も処分。ミルクを温める薪がないと聞くと、ためらわず茶室をつぶしたとの逸話も残る。

しかし、どんなに困っても手放さなかったのがキリシタン遺物だった。その思いをこう記している。

「失望と悲嘆と涙と怒りの時、私に光と希望と忍耐を与えてくれました」

私よりもっと厳しい苦難の中で信仰を守った先人がいた――。集めた遺物は美喜の心の支えとなった。

キリシタンの遺物は約千点。そのうち三百六十七点あった刀の鍔は未整理だった。中西さんが昨年十一月から半年がかりで調査し、四十八点をキリシタン鍔と鑑定した。

「信仰半分、意地半分」との言葉を美喜は残している。展示された鍔にこもるのは隠れキリシタンの信仰だけではない。孤児の姿に目を閉ざし、ないものにしてしまいたい権力者や社会の風潮に対し、それを絶対に看過できなかった美喜の堅い思いが伝わってくる。

澤田美喜記念館（電話〇四六三・六一・四八八八）はＪＲ東海道線の大磯駅前。開館は午前十～午後四時。月曜休館。

（二〇一六年六月十九日掲載）

敗戦とその後の焼け跡での暮らしを知る日本人にとって澤田美喜は特別な存在だった。当時の報道をみても、受けた賞をみても、講演会の盛況ぶりをみても、実に稀有な存在の日本人だった。だれにでもできることではないことを成し遂げたという評価を社会が与えていたことを物語る。

三菱財閥の岩崎家に生まれた。その幼少期の境涯は、お嬢様やご令嬢とかいうよりは、お姫様と呼んだ方がふさわしい。その後も何にも困らない日々だった。欧米での暮らしが長いが、気前がいいので「マダム小切手帳」と呼ばれたともいう。

しかし、孤児たちの母親になろうと決心した時に、環境は大きく変わっていた。それでも立ち上がった。強い信仰心のなせるわざなのか、世間知らずなのか、それともそれがゆえに偉人なのか、判断しようのない部分もあるが、何かをしなければとの思いがやむことはなかった。そして二千人を超す子どもたちの母親となった。

そうした美喜の人柄は今もしのぶことができる。

まずは「エリザベス・サンダース・ホーム」という施設名。真っ先に寄付をしてくれた女性の名前だ。自分の名前を冠することは考えもしなかったようだ。無私の人であったことは疑いようがない。

サンダース・ホームの子どもたちのために設立した学校は聖ステパノ学園と名付けた。ステパノは戦死した美喜の三男の洗礼名だ。強い思いが伝わってくる。

小高い丘の上に澤田美喜記念館は立っている。決して収集品の展示施設にとどまらない。そこに宿っているのは美喜の思いなのだろう。その思いをどう汲み取るのかが問われているような気がしてならない。

六　臨済宗と曹洞宗（第二十四話）

これはちょっとした事件なのだろう。鎌倉の建長寺で十五日にあった講座「禅を知る、禅を感じる」に参加しながら、そんな思いにとらわれた。「五山第一」を掲げる建長寺は臨済宗の大本山。そこを会場に、横浜の鶴見にある曹洞宗の大本山総持寺の僧が曹洞禅の作法を披露したのだ。臨済と曹洞はともに鎌倉時代に始まる禅の宗派だが、こうした交流は長い歴史でも初めてだろうというのだ。

◇　◇

鶴岡八幡宮境内の鎌倉国宝館で開催中の「総持寺の至宝」展の関連行事だが、講座には仕掛け人がいた。

総持寺宝蔵館の岩橋春樹館長だ。岩橋さんは鎌倉国宝館の元学芸員。国宝館は関東大震災で深刻な被害を受けたのを教訓に〈鎌倉の宝〉を守ろうと昭和の初めに鎌倉町が設けた。

鎌倉には禅寺が多いがことごとく臨済宗。国宝館に二十七年間勤め、いつしか臨済美術の専門家になった岩橋さんは、総持寺が運営する鶴見大学の教授に招かれた。そこで曹洞禅に触れ

「何かが違う。空気が、呼吸が違う」と感じた。違いを分かりやすく示せないかとの思いが講座になった。

どのように座禅をするのか。作法が披露された。

曹洞の作法は、総持寺の花和浩明参禅室長が説明した。肉厚の丸いクッションを用い壁に向かって座る。手は親指をまっすぐにのばし、卵が一つ入るほどに結び――。「人間は生まれながらに仏であることを静かに確かめるのが座禅です」

その実演を目にして建長寺の永井宗直・元教学部長は「曹洞の座禅は細かい動きまで丁寧。新鮮です」。臨済には十四の派があり、手の組み方などは派により異なるので、あまりこだわらないという。臨済では人と向き合って座る。敷くのは長方形の布団だ。「自分と他を分けないこと。それが禅。長く座れば足は痛い。痛いものと諦めることです」と永井さんは説いた。

作法だけでない。歴史をたどると二つの宗派の違いはくっきりする。

建長寺は鎌倉幕府の執権北条時頼が一二五三年に建立した。中国僧の蘭渓道隆《らんけいどうりゅう》を開山（創始者）として招いた。五山は幕府が定めた制度で、建長寺はその筆頭とされた。臨済で最も知られるのは京で活躍した一休さんだろう。

総持寺は、曹洞宗の開祖道元のひ孫弟子に当たる瑩山《けいざん》が一三二一年に能登半島に開き、福井の永平寺と並び大本山となった。明治に大火に遭ったのを契機に鶴見に移転した。こちらの代

壁に向かって座る曹洞禅の作法

人に向かって座る臨済禅の作法

表は越後で子どもと手まりをついた良寛さんだろう。

臨済は中国直輸入の禅で都市の有力者が中心。地方でさらに広い層を信者にしたのが曹洞――そんな姿が見えてくる。

◇　◇

日頃仲が悪いわけではないというが講座の実現は簡単でなかった。「勇気のいる企画でした」と総持寺の村田和元・副監院は振り返った。建長寺の永井さんは「対立している時ではありません」と語った。

仏教やお寺を取り巻く環境は大きく変わっている。宗派の違いにこだわっている時ではないとの思いが実現を後押ししたようだ。

禅の文化は今日の暮らしにも深い影響を及ぼしていると岩橋さんは強調する。礼儀や作法だけでなく、僧堂の組織は日本軍が取り入れ、現在の行政にも遺伝子が生きているという。

「それなのに知られていない」と岩橋さんは嘆く。

曹洞宗は全宗派で最多、全国に一万四千余の寺を持つ。その基礎を築いたのが瑩山。伝教、弘法など大師号を持つ僧は日本の歴史に二十五人。常済大師瑩山はその一人。「それなのに不当なまでに知られていない」と岩橋さんはさらに嘆く。

確かに知らないことを痛感する。

大本山が近くにあるので可能になった交流。「これを契機に、今後も模索したい」という点で両寺の姿勢は一致するようだ。教えや作法の違いもいいが、現代の一休さんや平成の良寛さんに巡りあえたなら……。悩み多い凡俗の身として、そう願うのは私だけではないだろう。

（二〇一六年五月二十二日掲載）

宗教の歴史は最も興味をもって追い続けてきたテーマだ。〈日本人の心の作法〉、つまり私はなぜこんなことを思うのだろうといったことに関心があった。だから禅の二つの宗派が共同で講座を企画したと聞くと、一も二もなく見たくなった。

臨済宗と曹洞宗。そもそもどう違うのだろう。開祖であったり、歴史であったりは多少知っていたが、それ以上となると何も知らない。

二つの宗派の僧侶が揃うと、墨色一色で僧兵じみた臨済、淡いながら色のある曹洞と、まずまとっている衣の違いは一目瞭然だ。

座禅の作法となると、説明を聞いていると、なるほどと思う違いがあった。

だが、どこか釈然としない。それはなぜなのか。今日を生きる私たちにとって、そうした宗派や作法の違い、つまり仏教の意味が見えてこないからなのだろう。

檀家制度をはじめ現在につながるお寺の仕組みは、江戸時代に固まった。お寺は行政の出先、現在なら市役所とか区役所とかの出張所のような役割を果たした。そこに先祖供養の場という機能も担った。家という制度が大切にされた時代だった。

臨済宗も曹洞宗も〈鎌倉新仏教〉と分類されるが、その概念を見直すべきだとの主張も出ている。江戸時代に公認された宗派のうち、開祖が鎌倉時代のものに過ぎず、鎌倉時代には影響力の乏しい宗派ばかりだとの指摘だ。

明治維新の神仏分離、廃仏毀釈を経ても仏教は生き残った。横浜・鶴見の総持寺は明治になって能登半島から移ってきた。新しい時代を迎え、生き残りのための大転身だったはずだ。そして今、お寺を支えてきた家や家族の形が大きく変わっている。心に響く教えや意味をどう伝えるのかが問われている。何のために仏教があるのか。そんな説明が求められているのではないだろうか。

七　「日向薬師〈平成の大修理〉報告書」（第七十三話）

伊勢原市の日向《ひなた》薬師宝城坊の本堂で行われた〈平成の大修理〉の報告書がまとまった。六年をかけ、解体したうえで修理し、同時に科学的な調査で寺の歴史の空白部分に迫った。鉈彫《なたぼり》の薬師如来とかやぶき屋根で知られる〈関東屈指の古刹《こさつ》〉の素顔が見えてきた。

寺の縁起は、奈良時代の七一六年に行基の開創と伝えている。日向山霊山寺という名で、多数の坊を持つ修験道の拠点として栄えたが、明治初年の神仏分離と廃仏毀釈により、宝城坊だけを残し廃絶した。明治の中ごろには庫裏で火災があり記録類が焼け、歴史が判然としなくなった。

本堂は国の重要文化財。修理前は軒を何本かの柱で支えていたが、関東大震災で損傷し、電柱で補っていたものだった。内藤京介住職によると、部分ごとに修理してきたが、傷みがひどくなり抜本的な手当てが必要となっていた。文化庁などの助成を受け二〇一〇年に大修理が始まった。

建物を解体し、傷んだ部分を削り取り、新しい木材で補い、解体しないと見ることのできない部分の構造や部材を確認した。

◇伊勢原市教育委員会の歴史文化担当課長の立花実さんによると、本堂は江戸時代の万治三（一六六〇）年に建て替え、延享二（一七四五）年に大改修していた。今回はそれ以来ほぼ二百七十年ぶりの大修理だった。

1186年ごろに伐採された木材と分かった枠肘木。平家が壇ノ浦で滅亡したのが1185年であり、頼朝のかかわった修造の際の物とみられる＝文化財建造物保存技術協会提供

柱はすべて江戸時代のものと判明した。それ以前の古材を転用した可能性がある垂木や枠肘木などの部材を二つの手法で調査した。年輪のパターンから割り出す〈年輪年代法〉と〈放射性炭素年代測定法〉で、どちらも木材が伐採された時期を特定する。

その結果、十二世紀末頃の〈鎌倉材〉百十三点、十三世紀後半～末頃の〈室町材〉百六十九点が確認された。

鎌倉材は良質なヒノキが主体で、垂木の間隔などから大規模な建物であったことが浮かび上がった。

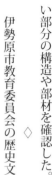

鎌倉時代の13世紀の作と判断された本尊を納める厨子。「和様」を基本に、軒を反らせるなど「禅宗様」を取り入れている。伊勢原市日向

鎌倉幕府の歴史を記した「吾妻鏡」に日向薬師は何度も登場する。源頼朝は妻北条政子の安産を祈願し、娘の病気には自ら参拝している。〈効験無双〉の文字が見え、政子と将軍実朝の妻が一泊したともある。幕府が始まったばかりで鎌倉には寺がまだ整備されていなかったようだ。

専門家を驚かせたのは本尊を納めた厨子の調査結果だった。高さ五メートル、幅一・五メートルと大型で、〈禅宗様〉の特徴があり、室町時代初期（十四世紀中ごろ）の作として国の重要文化財に指定されている。

ところが、年輪分析の結果、十三世紀前半の作の可能性が強まった。禅宗様では和歌山や滋賀の寺が古いとされるが十四世紀の作。一気に国内最古となった。

「これほどの格式の高い厨子は関東地方では他にありません。平安の伝統を受け継ぎながら中国の新しい様式を取り入れています。鎌倉幕府のトップが造らせたものでしょう」と分析結

大修理を終えた日向薬師の本堂。「簡素ながら中世的な趣を伝える」などとして重要文化財に指定されている。伊勢原市日向

果を踏まえて関口欣也横浜国立大学名誉教授（建築史）は思いを巡らす。時期が絞り込まれたことで、頼朝や政子など〈トップ〉の具体的な名前も浮上している。

◇　◇

今回の調査結果に、これまで知られている情報を加えると、日向薬師の歩みが浮かんでくる。

平安時代の九五二年に村上天皇が鐘を奉納。本尊の薬師如来も同じ時期の作とされ、そのころには寺として整備されていたようだ。

一一五三年に鳥羽法皇が鐘の造り替えを、その四十年ほど後には後鳥羽天皇が頼朝に薬師堂の修造を命じている。鎌倉材が伐採された時期に当たる。

室町材はスギで本堂の梁などに使われていた。室町時代の十四世紀後半に大修造があったことをうかがわせる記録が残っているが、分析結果は、それよりも早い時期に伐採された木材であることを示した。その差をどう解釈するのか。今後の検討課題となりそうだ。

大修理は昨年十一月に終了した。江戸時代の延享段階の姿に戻し、見違えるように生まれ変わった。

ぐるっと境内をめぐってみた。空に突き出すように木立は高い。本堂、本尊、厨子に鐘……数えると国の重要文化財が十点もある。

「長い歴史の中で隆盛、衰退を重ねてきました。明治の廃仏毀釈は大きな危機でしたが、こだわりのものが残りました。大切に伝えてゆきたい」と内藤住職は語った。何百年後になるのか、次の大修理まで時代を越えバトンがつながって欲しいと願うばかりだ。

（二〇一七年六月二十四日掲載）

「記事を拝見しました。日向薬師で仏様を拝し、感激しました」。二〇一八年の正月、そんな年賀状をいただいた。かつて取材でお世話になった今村峯雄さんからのものだった。放射性炭素を用いた年代測定の専門家で、国立歴史民俗博物館が進めた弥生時代の始まりの時期を特定する研究プロジェクトのリーダーだった。何度も何度も通って話を聞いた。新しい科学技術が、歴史学に新風を吹き込むはずだとの思いがあった。海に囲まれた日本では、その影響のため、欧米大陸の手法をそのまま適用できない時代域があり、どう克服するかが最大の課題だった。その過程を十数年にわたりウオッチし続けた。

そうして実用化された年代分析法が身近なお寺に活用された。報告書を見て、さらにうれしかった。日向薬師の年代を測定したのが、群馬県にある研究所だったからだ。それは東京大学でこの技術を研究した小林紘一さんが設立した施設だった。小林さんは、今村さんと並んでこの分野のパイオニア。群馬県の研究所は何度も訪ね、最新の研究成果や世界の動向などを教えてもらった。

日向薬師の取材は、そういう意味で、長年の年代科学取材の総まとめでもあった。何をどう測定して、何が分かったのか。予備知識がないとわからないだろう測定数値が持つ意味がすぐ理解できた。そしてそれは、従来の研究手法では決してたどりつくことができなかった新しい歴史像をもたらすものだった。

かつて小林さんたちが東京大学で開催した「考古科学シンポジウム」を思い出した。最新の科学技術で歴史を刷新しようとの企画で、会場は熱気にあふれ、座席が足りず、床に座っている人もいたほどだった。

日向薬師で仏様を拝し、報告書を読み、歴史研究が新しい時代を迎えたことを実感し、いくらか感慨深いものがあった。

八　川崎の「橘樹官衙遺跡群」（第百十一話）

橘樹《たちばな》郡ははるか古代に武蔵国に設けられた行政区域で今日の川崎市とほぼ一致する。その郡役所に当たる郡家《ぐうけ》（郡衙《ぐんが》ともいう）の遺跡が高津区と宮前区にまたがる丘陵上で発見されたのは一九九六年で、その後も調査を重ね「橘樹官衙遺跡群」として二〇一五年に川崎で初の国史跡に指定された。今年二月には遺跡の保存活用計画がまとまり、「古代の川崎市役所」として地元の認知度も高まっているようだが、それにとどまらない意味が研究の進展で浮かんでいる。

南北に長い川崎のほぼ中央、ＪＲ南武線・武蔵新城駅から南西へ約一・五キロ、遺跡のある丘は標高四〇メートルほどで天気がいいと東京スカイツリーまで遠望できる。

まず話題となったのは寺院跡から発見された瓦で、「无射志国荏原評《むざしこくえばらこおり》」と文字が刻まれていた。荏原は多摩川の対岸だが、研究者の注目したのは最後の「評《こおり》」だった。「郡」は七〇一年の大宝律令で誕生するが、それに先立つ制度が「評」だった。寺が七世紀に建設されたことを示していた。

調査によって、郡家は七世紀後半から九世紀中ごろまで存続したと判明した。正倉は十七棟

丘の上の住宅地で遺跡は出現し、柱が多い独特の構造の正倉が確認され郡家跡と判明した＝川崎市教育委員会提供

が確認された。税として集めた米などをおさめる倉庫で、役所であることを示す痕跡だった。

正倉には、時期によって二つのタイプがあることも分かった。七世紀には柱の軸が西へ三〇度ほど傾いていたが、八世紀になるとまっすぐ南北にそろう。

柱の軸線の変化は何を意味するのだろう。

「七世紀の正倉が南北の軸線から外れるのは他の遺跡でも確認されています。山など神聖な存在の方角へ向けたといったことが考えられてきましたが、橘樹ではその先には何も見当たりません」と調査を担当してきた川崎市教委文化財課の栗田一生さん。

そうした中、視点の転換が、この軸線の変化に新たな解釈をもたらしている。

◇　　◇

国や郡などの行政単位は中国から導入された制度であり、聖徳太子が遣隋使を送ったのに始まり、中

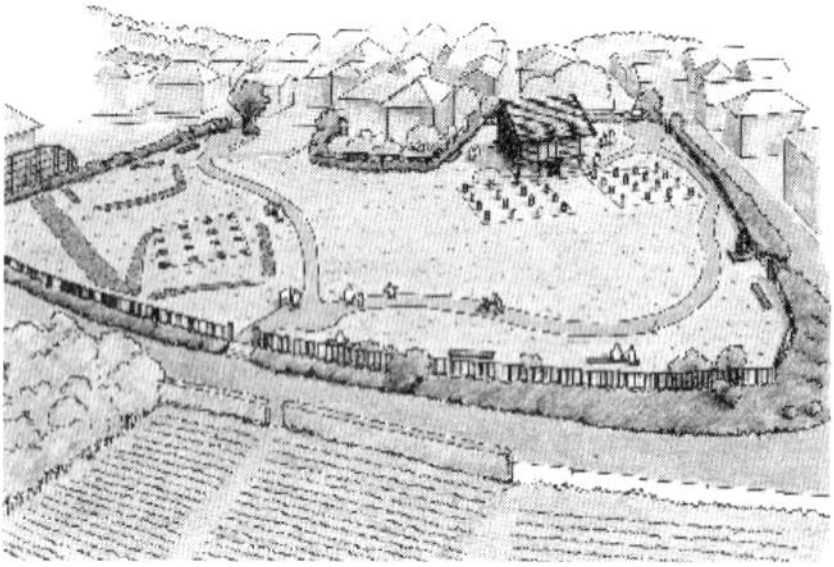

整備計画の詳細は今後検討する予定で、これは正倉を復元した場合を想定したイメージ図。高台に並ぶ正倉は遠くからも見え、地域支配の象徴だったと考えられる＝川崎市教育委員会提供

国の制度を古代の日本は学び取り入れたとされてきた。

そうした古代史像に懐疑の声が強くなっている。例えば藤原京。六九四年から奈良に遷都する七一〇年までの都で、碁盤の目に整備された日本初の都として知られるが、王宮は都の中央に位置していた。中国では王宮は都の北端に置くのが決まり。中央に配置するのは朝鮮半島に類例がある。

藤原京の段階では朝鮮から制度を採り入れ、平城京では中国から導入するようになったというのが新たな視点だ。

早稲田大学の李《リ》成《ソン》市《シ》教授（朝鮮古代史）によると、朝鮮では倉庫に「椋」の文字を使い、日本でも「椋」を「くら」と読む。中国では「椋」は樹木の名前で、倉庫の意味はなく、入れる物により「倉」「庫」「蔵」を使い分けた。橘樹郡の正倉の軸線の動きは「椋から倉への変化と考えることができるのでは」と李さんは指摘する。

そのような変化はなぜ起きたのだろう。

当時の東アジア情勢をたどると、三国に分かれていた朝鮮半島で、百済と高句麗が相次いで唐・新羅連合軍によって滅ぼされた。百済の復興を支援して日本は六六三年に出兵したが、白村江の戦いで唐・新羅軍に敗れた。

そこまでは学校でも教わる歴史だが、その後となると七一〇年に奈良に都が移るまでの間はよく知らない人が多いのでは。

白村江で戦った日本と新羅だったが、実はその後、緊密な関係を築いていた。

◇　◇

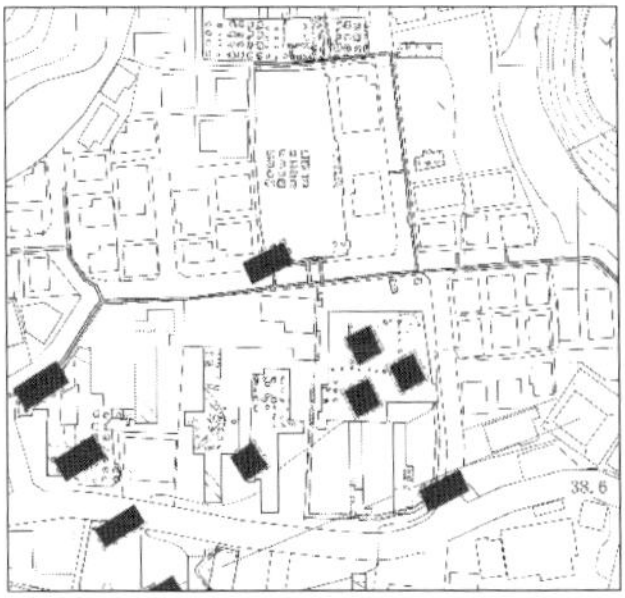

7世紀の施設の配置図で、建物の軸線が西に傾いている。正方形なのが正倉=川崎市教育委員会提供

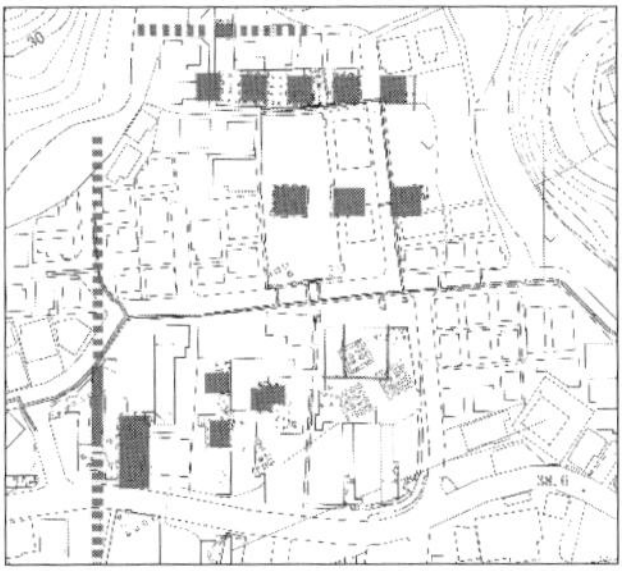

8世紀の施設の配置図。きれいに柱の軸線が南北にそろっている=川崎市教育委員会提供

そうした時期に造営されたのが藤原京や橘樹郡の古い段階の正倉だった。

そもそも、遣唐使は六六九年の後、七〇二年まで三十三年間も派遣されることがなかった。ところが中国から導入したと考え疑問に思わなかったのはなぜなのか。

「地域社会も多様な国際関係の影響を受けていることをよく示しているでしょう。固定的な枠に閉じこもっていては歴史は見えません」と横浜市歴史博物館の鈴木靖民館長。古代の国際交流研究の第一人者。「四十五年も前から主張してきた視点なのですが、ようやく理解が広がってきました」

ちなみに日本と新羅を近づけたのは、百済と高句麗を滅ぼした後の唐と新羅の関係の変化だったという。三国の統一を果たした新羅は、次は唐を朝鮮半島から追い出そうと動き出し日本に接近した。それは百済を失い孤立した状態の日本には願ってもない動きだったのだろう。状況次第で国際関係が変転することを教えてくれる。複雑で難しい局面にある今日の東アジアを考える時のヒントにもなりそうだ。

（二〇一八年五月十二日掲載）

古代史ははるかに遠い過去という存在にとどまらない。常に見る人の時代を背負っている。神話に始まっていた戦前の歴史像にしても、日本書紀の冒頭部分は史実とは思えないという当たり前の考え方が、昭和も十年代に入ると、公然と否定、非難されるようになった。

九州か畿内かという邪馬台国の所在地論争は、江戸時代にさかのぼることができるが、九州説の提唱者は国学者だった。日本は中国に臣従したことなど一度もない。卑弥呼は日本の王を名乗っているが、だから偽者で、九州あたりの豪族程度に過ぎないとの主張だった。

見る枠組みによって、見える歴史は変わってくる。

朝鮮との関わりをめぐる歴史はその最たるものかもしれない。橘樹官衙遺跡群の取材をするうちに、存在したはずの歴史が、どうやら認識の対象から外れていたことを知った。朝鮮という存在を消したい。そんな意識が浮かんでくる。それはなぜだったのだろう。今こそ考えてみることが大切だろう。

古代史の解釈をめぐっては驚くようなものにであうことがある。中国が古代に朝鮮に設けた楽浪郡をめぐる北朝鮮の見解には驚く。支配の拠点が郡であり、楽浪郡は現在の平壌周辺に置かれたと考えるのが通例である。ところが、北朝鮮の歴史観では、そこにあったのは楽浪国という独立した国で、楽浪郡は中国の遼東半島辺りにあったと考える。朝鮮の正統性は、常に半島の北側にあり、平壌はその聖なる都なのだ、中国に支配されたことなどないという視点だという。どこか既視感を覚える。古代史は常に現代史なのだとの思いがする。

九　遊行寺の中世文書（第六十二話）

時宗の総本山である藤沢市の遊行寺《ゆぎょうじ》は、一三二五年というから鎌倉時代末の創建である。年譜をたどると何度も火災に遭っている。

戦国時代の一五一三年に「兵火で焼亡、本尊を駿府に移す」。江戸時代には一六六一年に「本堂客殿庫裏焼失」、一七九四年に「一宇残らず焼失」、一八三一年に「藤沢宿から出火、悉《ことごと》く焼失」。近代になると一八八〇年に「藤沢大火で類焼。本堂、大書院など四十五棟焼き、門と倉庫三棟残すのみ」、一九一一年には「書院や庫裏を焼失、国宝〈一遍上人絵詞伝〉が灰燼《かいじん》」。さらに一九二三年には関東大震災で本堂などが倒壊。

その歩みを知ると、境内の宝物館で開催中の「遊行寺の交流史」展に並ぶ中世の文書類は一段と重みを持ち迫ってくる。天皇の命令である綸旨《りんじ》だけでも室町時代を中心に十六点も。

◇　◇

どのように伝来したのだろう。遠山元浩宝物館長が説明してくれた。

裏山に土蔵があり火事を逃れた。雨漏りするので代わりに宝物館を造り、一九七七年に収蔵品を移したが手つかずのままだった。

状況が変わったのは十五年前。初の学芸員として仏教美術研究者である遠山さんが赴任し、何があるのかの調査に乗り出した。その結果、「ざっと二万点はありそう」と全体像が見えてきた。典籍や絵画、工芸品のほか文書類が多い。

「こんなに宝物があったとはと驚いています。古い物は焼けてしまったとされてきましたが、封印されたままのものも多かったのです」と遠山さん。戦国時代には北陸に疎開させ守ったことも分かったという。

整理を終えると公開する方針で、今回の展示もその一環。南北朝期の二つの朝廷ゆかりの品が目玉だ。

「清浄光寺」と独特の筆跡で遊行寺の正式名を記した書は、北朝第四代の後光厳天皇の筆。寺に現在かかる額の原本で初公開。北朝五、六代の天皇の綸旨も並ぶが、国家安泰などの祈願を命じる内容。天皇が二人いて争った社会。何を念じて祈願を命じたの

「清浄光寺」は遊行寺の正式名。北朝の後光厳天皇の筆＝遊行寺宝物館提供

後醍醐天皇像。単なる肖像画ではなく、天皇を中心にした宗教的支配の形を示している＝遊行寺宝物館提供

だろう。

南朝では後醍醐天皇の肖像画が目を引く。遊行寺には重要文化財の後醍醐天皇像も伝わるが、その模写で室町期の作だという。

仏具を手にした天皇の肖像の持つ意味を、遠山さんが解説してくれた。

頭の上に描かれた赤い玉は太陽であり、日輪をいただく天皇の姿は大日如来の化身であることを示している。像の上には、太陽神である天照大神を中心に、左右に武家を象徴する八幡大菩薩と公家を意味する春日大明神を従える。

「単なる肖像画ではありません。後醍醐が考えた国家支配の形であり、南朝の正統性を示す国家仏教、神仏習合の曼荼羅《まんだら》なのです」

現代の常識からは発想できない世界観。それが中世なのだろうが、時宗とはどのような宗派なのだろう。

◇　◇

時宗の住職でもある遠山さんの説明に熱がこもる。

常に念仏をする人を〈時衆〉と呼んだが、次第にカリスマ的存在の一遍とその信徒を指すようになった。同じ浄土門でも、法然らが「南無阿弥陀仏」と唱えると極楽に往生すると教えたのに対し、一遍は「全員が極楽往生することはすでに決定している」と説き、そのことを伝えるお札を配って全国を歩いた。南北両朝ゆかりの品が残るのは、中世に大教団だったことを伝えるもので、藤沢はその門前町として発展した。江戸時代に幕府の政策で一遍の流れの教団を一つにまとめ時宗と呼ぶようになり、遊行寺はその総本山となった。明治維新の神仏分離の際に、他の大宗派に移った寺が多く、現在は全国に四百寺ほどだという。

展示の中に武田信玄の安堵状がある。小田原の北条を倒した時を想定し、寺の領地をめぐる約束だというが、北条の攻撃で焼けてしまい藤沢には寺らしい施設はない時期のもの。それで

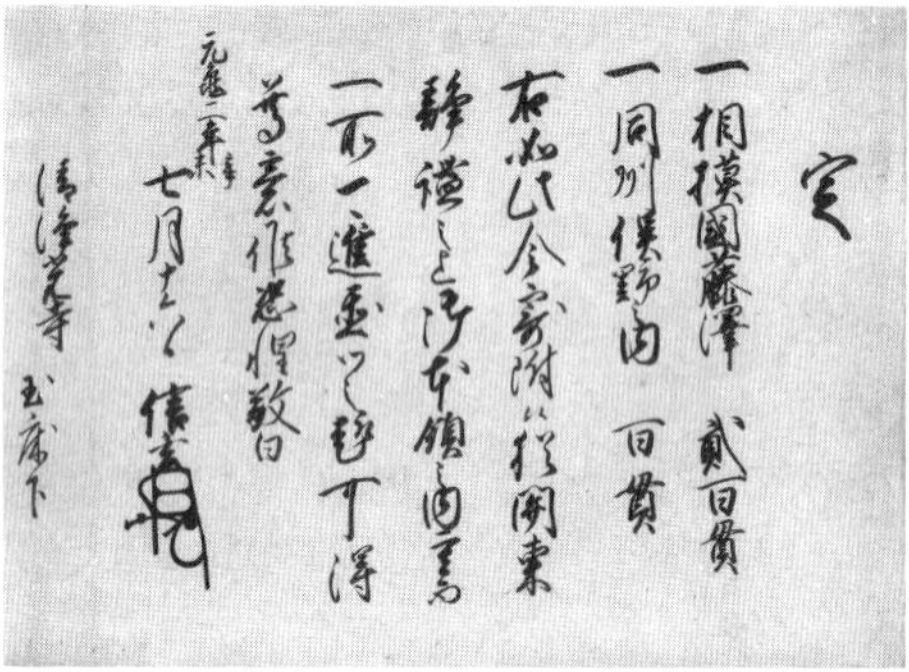

寺領をめぐる武田信玄の安堵状。当時、藤沢に寺らしい施設はなかった＝遊行寺宝物館提供

も勢力を維持したのは、宗派を代表する遊行上人は全国を訪ね歩くという独自の教団だったからだという。

「壮麗なお寺を必要としない。それが時宗。ネットワークの教団といえるでしょうね」と遠山さん。

鎌倉新仏教の他宗派に比べ印象の薄い時宗だが、その独自の教えと歴史が見えてくる。

（二〇一七年四月一日掲載）

聞いたことはあるが、その実態となると知らないものがある。

仏教でいえば時宗はその代表だろう。開祖の一遍の名前は教科書で見た記憶があるし、念仏を唱えた教団というイメージはあるが、それ以上は思い浮かばない。

遊行寺の企画展に出かけたのは、知りたいことが沢山あったからだ。

展示品をながめ、説明を聞いた。そこから浮かんできたのは、時宗の特徴というより、中世という時代の空間だった。

鎌倉時代を契機に、仏教は肉体化した、との見方を五味文彦東京大学名誉教授から教わったことがあった。平安時代までは頭で考え理解することが主だったが、鎌倉時代になると体を使うようになる。座禅をする禅宗も、念仏を唱える浄土宗もその流れに沿ったもの。歩いて踊った時宗もその枠で理解できそうだ。

開祖の一遍が活躍したのは、元寇の時期に当たる。とてつもない敵が二度も襲ってきた。またいつやってくるか分からない。戒厳令が敷かれた状態が続いた。どれほどの恐怖、不安が社会を覆っていたのだろう。戦いや死が身近だっただろう武士の間で禅が広まったのは、そうした社会状況のもとでのことだった。

何かすがるものがほしいとの思いが切実だったのは武士だけではなかったはずだ。理念ではなく、体感できる、実感できるものの方が、より広く受容されるのも当然だったのだろう。時宗はそうした中で広まっていったのだろう。

時宗が力を持った中世は動乱の時代だった。天皇ですら争ったのだ。寺院を訪ねると、受ける説明は建物の大きさや材料、仏像の由来といったものになりがちだが、そうした寺院を必要とした人々や社会にも思いをはせてみてはどうだろう。

十　小田原藩士の〈吉岡由緒書〉（第七十六話）

身分や職業、財産が基本的に世襲された江戸時代の社会では家柄は何よりも重視された。先祖からの来歴を書き上げた家譜の提出を幕府は大名家に求めている。藩士に親族の業績を定期的にまとめることを求める藩もあった。江戸時代は家族の歴史が無数に編まれた時代だったともいえる。

そうした中、東海大学の馬場弘臣教授は小田原藩士だった吉岡家の歴史を記した「吉岡由緒《ゆいしょ》書《がき》」を出版したいと広く支援を呼びかけている。ネット上のクラウドファンディングで百万円を集める計画。「新しい歴史像を描き出す可能性を秘めた史料集です。出版し多くの研究者に提供しなくては」と説明する。

◇　　◇

数多い他の家譜とは何が違うのか。

まずはそのスケールだ。

初代の実疑《さねよし》が一六四二年に兵庫の明石藩主だった大久保家に仕官したのに始まる。その後、

「吉岡由緒書」。吉岡家の９代の当主の事績が具体的、詳細に記されている＝小田原市立図書館寄託「吉岡文書」

大久保家は佐賀の唐津、千葉の佐倉を経て一六八六年に父祖の地である小田原に戻る。それから一八七一（明治四）年の廃藩置県まで、三百四十石取りだった吉岡家の九代の当主の事績が、約二百三十年にわたり書きつづられている。四百字原稿用紙で八百七十枚分に及ぶ。「一つの家族をこれほど長期にわたり詳細に記した記録はめったにありません」と馬場さんは力を込める。

さらにはその内容だ。

小田原は一七〇三年に元禄大地震、一七〇七年には宝永の富士山噴火と連続して大災害に見舞われ、藩財政が困窮。その苦しい時期に吉岡家では四代から六代まで連続して御勝手方（財政担当）で重職を担った。

「最重要課題だった藩財政の立て直し、そのための藩政改革の様子を知ることができます」と馬場さん。

幕末期を迎えると吉岡家の当主は七、八代と続けて番方（軍事・警備担当）勤務となる。黒船に備えた海防に始まり、

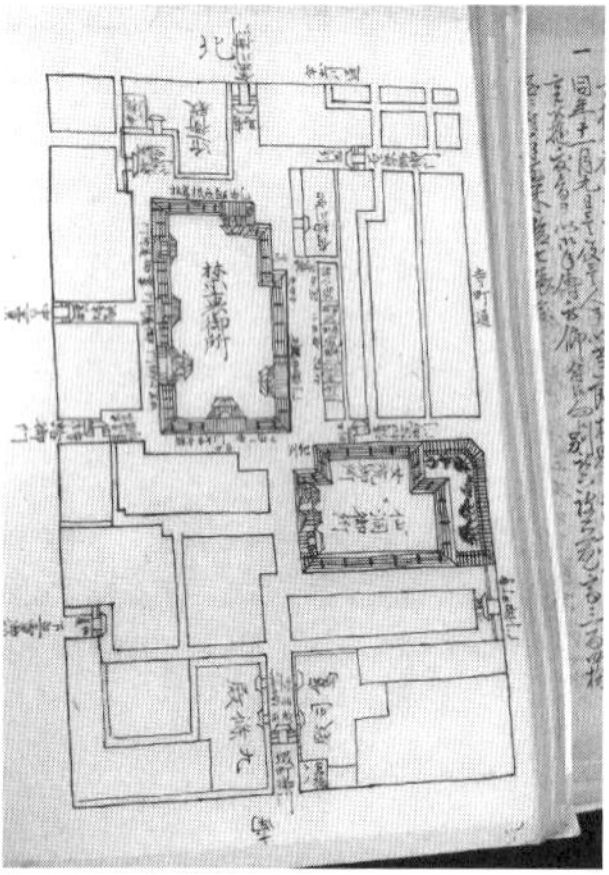

「吉岡由緒書」が記録した蛤御門の変当時の京都御所の各藩の配置図。藩主大久保忠礼が1058人の藩士を率いた小田原藩は蛤御門とは反対の禁裏御所の東側に配置されていた＝小田原市立図書館寄託「吉岡文書」

京都の守衛に出兵すると蛤御門の変に遭遇。天狗党の追討、官軍の東征、箱根戊辰戦争――明治維新へと向かう動乱の時期を彩った事件の数々に直面した。「老中を出した有力な譜代大名だったのですが、小田原には幕末の史料があまり残っていません。勝者である薩摩や長州とは違った視点からの歴史が見えてくるはずです」

◇

◇

馬場さんは地域に残る近世文書の解読に取り組んできた。そうした試みから何が見えるのだろう。最近まとめた小田原藩の年貢の研究を説明してくれた。

残る史料で最も古いのは一六九九年。直後に大地震と富士山噴火に襲われる。すると年貢の収量は大きく落ち込む。火山灰の影響は特に深刻で、小田原藩の力では復興が難しいとして、被害の大きい地域はいったん幕府領となり、十年後と三十年後の二度に分け小田原藩に返還される。だが、火山灰で川底が埋まり洪水が頻発するなど状況はなかなか改善しない。年貢の収量が大地震前のレベルに戻ったのは一八一八年。実に百年以上かかっていた。

馬場さんの研究は、さらに村ごとの収量の変遷に及ぶ。開成町の一帯では噴火から十年にわたり年貢の収量ゼロという状態が続く。とてつもない苦難の歳月だったはずだ。どのような生活だったのだろう。どのような光景だったのだろう。

歴史といえば教科書も大河ドラマも国を単位とした英雄や偉人たちが中心だ。様々な苦難と格闘しながらこの地に生きた先人たちの暮らしや歩みをどのぐらい知っているのだろう……馬場さんの話を聞きながら、そんな思いにとらわれた。

「古文書は先人が残したメッセージ。何をくみ出すかが問われています。小田原をめぐる新しい歴史像が見えてくるはずです」。日ごろ気づかない足元の歴史だが、目を向けると違う景色が見えてくる。

（二〇一七年八月五日掲載）

江戸時代は最も馴染みの深い過去であろう。時代劇といえば、水戸黄門も銭形平次も暴れん坊将軍も……どれも江戸時代が舞台である。不思議なもので、明治や大正が舞台のドラマとなるとそれほどは見当たらない。親しみのある時代だ。

しかし、その江戸時代をどのぐらい知っているのかとなると別問題である。今日とは相当に違っていたようだ。

国立科学博物館は、東京・上野公園にある大きな鯨のオブジェが目印の博物館である。ここの人類研究部には何度も取材で通った。現在は茨城県のつくば市に移ってしまったが、かつては新宿区の新大久保駅の近くにあった。日本列島における人類の歴史を研究し、全国からあらゆる時代の人骨が集まっていた。

道路建設といった理由で墓地が改葬されるとまとまった人骨が出て来る。そうしたものが持ち込まれるのだが、江戸時代の墓からはあらゆる年代の人骨が見つかる。他の時代にはない特徴で、通常なら元気な若者が多く亡くなっていたことを物語っている。伝染病のような原因が考えられる。

江戸時代は体が小さかったことも分かっている。日本列島の人類史の中で、最も身長が縮んだ時期だ。時代とともに人間は発展してきたと素朴に思っていたので、当初は不思議で仕方なかった。今日でいえば、中学生ぐらいの体格が一般的な大人だったようだが、それはなぜだったのか。

大きな原因と考えられるのは社会的ストレスだろうという。人口は増えたが、寒冷化が進み飢饉が相次いだ。制度は固定化し身分制度は厳しかった。マンモスが環境の変化によって小型化したことを思い出す。

十一　自由民権運動伝える雨岳文庫（第七十一話）

「この先は歩くしかありません」と促され車を降りると、待っていたのはかなり急な上り坂だった。寺坂は大磯町でも海から離れた山間の地。目の前を東海道新幹線が走っている。目指したのは旧家の墓地で、山の南斜面に二十ほどの墓石が並んでいた。

その一つを「これが鈴木房五郎の墓です」と岩崎稔さんが説明してくれた。

背面に人生が刻まれていた。漢文で約百三十文字。

「幕末の一八六一年の生まれ。師範学校を出て地元の学校で先生をした後、一八八五年に米国へ渡った。働きながら勉学に励んだが病気のため帰国し、一八九三年に亡くなった」

湘南社の会員だった鈴木房五郎の墓。裏面にその人生が刻まれていた。大磯町寺坂

房五郎は湘南社の会員の一人。自由民権運動の結社として知られる湘南社だが、指導者を除くと、どのような人が集まっていたかはよく分からない。名簿を頼りに会員を探す活動を続け、ようやくたどりついた足跡だった。

「明治の初め、この地の若者が西洋の新しい学問を学び、その後どんな人生を歩んだのかが見えてきました」と横井博さん。

岩崎さんと横井さんは、伊勢原市上粕屋の雨岳文庫に集う仲間だ。湘南社の社長だった山口左七郎の旧宅を活用し湘南社の資料などを公開している。雨岳は相模の霊峰・大山の別名で、その山裾に生きた左七郎は雨岳を号とした。

◇　◇

湘南社とはどのような組織だったのだろう。

一八八一（明治十四）年の創立。大住・淘綾《ゆるぎ》両郡（その後の中郡）がエリアで現在の平塚、伊勢原、秦野、大磯、二宮の一帯。創立大会には千人の参会者があったと記録されている。

国会開設や憲法制定を求めた自由民権結社は数多くあったが、湘南社は学習活動が特徴だった。規則第一条に「諸般学術ノ研究ト智識ノ交換ヲ図リ漸次社会改進ノ気脈ヲ貫通セシメン」と定めていた。

大磯、伊勢原など六カ所で学習会を開催。歴史学や政治学、経済学などのほか英語、仏語、

山口家は名主だった豪農で、住宅は江戸時代後期の天保年間の建築。伊勢原市上粕屋

独語の原書講読にも挑んだ。他の結社のような憲法草案は作らなかったが、「人民主権」の立場で憲法を学んでいた。

（一）討論を重視（二）新しい時代をつくるという明確な自覚（三）西洋思想を学び取るという意欲――が湘南社の特色だと岩崎さんは考える。

激動の時代、社会が根本から転換する中、新しい知識、価値観を求めて湘南社に人々が集ったようだ。

一八八四年に湘南社は解散。わずか三年の組織だった。集会や結社について規制が厳しくなり活動が困難になったためのようだ。その後、左七郎は国会の初の選挙で当選。しかし二度と選挙に立つことはなく、その後は銀行設立や社会や農村の改善運動に尽力した。

◇　◇

雨岳文庫の資料は、県立厚木高校教諭だった大畑哲さんが五十年以上研究を続けた。七十二歳の横井さんは、その大畑さんの教え子。「地域の歴史を熱心に研究し、わかりやすく教えてくれました」と振り返る。

大畑さんは二〇一〇年に亡くなった。すると遺志を伝えようと教え子やゆかりの人たちが集まった。

まず取り組んだのは記念碑。予想以上の寄金が集まり昨年六月に完成。大畑さんの言葉が刻まれた。

雨岳文庫に昨年完成した「自由民権の碑」。多くの市民が集まり活動している。右から2人目が山口家11代目当主の匡一さん。伊勢原市上粕屋

「自由は大山の麓より」

さらに研究や学習会を始めた。房五郎の墓の発見もそうした活動の成果。湘南社ゆかりの場所を訪ねる民権散歩といった企画も実施している。

それにしても百三十年も前の運動に今、関心が集まるのはなぜなのだろう。

「時代でしょう。何かがおかしいと感じる、そんな今の時代が後押しする」。雨岳文庫に通い四十年余、元東海大学教授の野崎昭雄さんは、そう感じるという。

建碑実行委員会の事務局長をつとめた豊雅昭さんは「憲法への危機感」を指摘する。「現在の日本国憲法は米国の〈押しつけ〉だ、変えなくてはいけないという声が強くなっているが、湘南社の人たちが願った理念を実現したのが日本国憲法なのです。地下水脈として憲法の理念はつながっているのです。憲法はどうあるべきかを真剣に学び考えた湘南社の人たちに今こそ学ばなくては」

雨岳文庫二階の左七郎の書斎で窓を開けた。すっくと背を伸ばし大山が正面にそびえていた。大山は願いの山。中でも雨を願った。今こそ、ひび割れた地殻を潤す社会の雨が求められているかもしれない。

雨岳文庫の公開は毎週日曜の午前十時～午後三時。

（二〇一七年六月十日掲載）

自由民権運動の研究が全国で盛り上がった時期があった。百周年を迎えた一八八〇年代のことだ。各地で自主的に検討された憲法草案といったものが次々と発掘された。そこで注目されたのは、明治憲法の制定以前に、民主主義を目指した草の根の動きがあったことだった。その後に歩んだ大日本帝国の姿とは異なる国の形が志向されていたと脚光を浴び、「民主主義の地下水脈」などととらえられた。

憲法制定、国会開設を求めた自由民権の動きだが、底流にあったのは大きな社会制度の仕組みの変化だった。江戸から明治へと移る中で、様々な仕組みが変わった。気付きにくいが、その中でも生活に密着して大きかったのは税制の変化だった。地租改正という言葉は学校でも習う。米などの物納から現金での納税への変化と教わったはずだ。

だが、この改革にはそれ以上の変化があった。それまでは村といった単位で年貢を負担していた。村全体で何石といった共同での担税だった。それが個人での納税に変わった。それに伴い、個人の権利への関心が高まった。それが自由民権運動の動機の一つとなったとの見解を聞いた時には、何かとても納得できるものを感じた。

自由民権運動への注目が高まったのとほぼ同じ時期、もう一つ脚光を浴びたのが江戸時代の思想家安藤昌益だった。こちらは日本にもマルクスに匹敵する独自の思想家がいたとの視点から注目された。

とかく外来のものとされた近代思想が、日本にもあったのだという意識が、どちらにも見える。外来思想をどう咀嚼するかが課題だった近代日本において、新しい思潮の始まりだったように思えてならない。

十二　謎多きカクテル〈ヨコハマ〉（第八十一話）

英国・ロンドンのサボイホテルが発行する「カクテルブック」は世界のバーテンダーにとってバイブル的存在。ここに載ればスタンダードとされ、約八百のレシピが紹介されている。その中に〈ヨコハマ〉が含まれている。

◇　◇

どのように生まれたのだろうと横浜港の山下公園に近いホテルニューグランドを訪ねた。チーフバーテンダーの太田圭介さんが、その歴史を調べていると聞いたからだ。

「サボイのカクテルブックで日本の地名を持つのは〈ヨコハマ〉だけ。でもこのカクテルには謎が多いのです」と語り出した。

謎とは……。

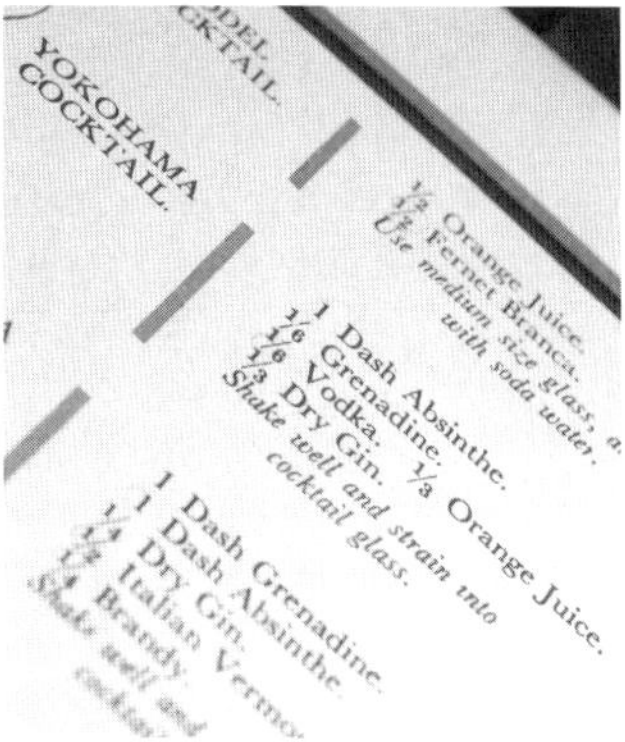

英国・サボイホテルの「カクテルブック」。「YOKOHAMA」の文字と、そのレシピが見える

謎の一。出自が不明。

「たいがいのカクテルは作者がわかっています。何らかの意図や物語を込めてバーテンダーが作り出したものだからです。ところが〈ヨコハマ〉は作者が分かりません」

〈一九二〇年代に外国航路の客船で生まれた〉と語り伝えられているという。

謎の二。組み合わせ。

〈ヨコハマ〉はジンとウォッカ、アブサンに、オレンジジュースとザクロのシロップをミックスする。

「ジンとウォッカはどちらもベースとなる酒。そうした酒を同時に使うことを〈ダブルスピリッツ〉といいますが、プロのバーテンダーならまずはしません。不可解なレシピです」

ベースとなる酒をいくつも用いると、持ち味が生かせなくなるという。

謎の三。地元酒が不在。

「地名のついたカクテルには、それにふさわしい酒が使われものです。〈ニューヨーク〉や〈マンハッタン〉はアメリカンウイスキーが、〈ルシアン〉はウォッカがベースです。ところが〈ヨコハマ〉には日本の酒が入っていません」

ジンは英国、ウォッカはロシア、アブサンもフランスなど欧州の酒。オレンジもザクロも日本を感じさせない。

「話ばかりでは仕方ないでしょう」と太田さんがシェーカーを取り出し、毎日二十杯は手がけるという〈ヨコハマ〉を作り始めた。

「ニューグランドは振り方も独特なんですよ」。一般的な作法とは逆に、シェーカーの注ぎ口をお客に向ける〈逆トップ〉。かつてのシェーカーは密閉度が低く、振っているうちに液が漏れた。注ぎ口を自分に向けるとつなぎ目から漏れた液がお客にかかる。「狭いためにバーテンダーとお客様の距離が近かった船の中で生まれた作法です。代々守り続けています」

古いメニューとか広報誌とか手がかりが残っていないかとも思うのだが、米軍に接収された際に、ニューグランドでは戦前の記録や文書類を処分したらしく見当たらないという。

◇　◇

謎はロマンでもある。

船や港を描いた画家柳原良平さん（一九三一～二〇一五）は、〈ヨコハマ〉が生まれたとされるのは、世界一周の客船が横浜に寄港するようになった時期だったと太田さんに語っていたという。「巡ってきた国を振り返り世界の酒を組み合わせたのでは」との思いだったようだ。

横浜みなと博物館の志澤政勝館長によると、一九二三年の関東大震災で横浜港は壊滅的な打撃を受けた。重要貿易港であり、政府は最優先で復興に当たった。

ニューグランドは横浜再生のシンボルとして建設された。「開業からの十年間が横浜港と客

カクテル「ヨコハマ」

船の黄金期でした」と志澤さん。

同時に二〇年代は外国航路の転換期に当たっていた。北米や欧州と日本を結ぶ航路は競争が激しく、船会社は新たな船を投入しサービスを競い合っていた。

スピードに加え快適性を競った。北米は二週間弱、欧州なら四十日もかかる長旅なので、居住性と食事を重視し、お客を飽きさせないための工夫をこらした。

〈ヨコハマ〉が生まれた時代背景が見えてきた。

「長旅のうちに親しくなったお客の注文でバーテンダーが作ったというような経緯では。それが横浜に上陸したのでしょう」と志澤さんは思いをめぐらす。

流れるような所作で太田さんが〈ヨコハマ〉をグラスに注いだ。

鮮やかなオレンジ色。

「横浜港の夕日をイメージしていると伝えられています」と太田さん。

それ以上定かなことは知りようがない。だが、船の文化と港の歴史、大震災から復興する二〇年代の横浜のもろもろの事情がこの一杯には宿っているのだろう。
〈ヨコハマ〉と同じ時期に生まれたホテルニューグランドはこの十二月に開業九十周年を迎える。

（二〇一七年九月二十三日掲載）

ホテルニューグランドは、関東大震災からの復興のため、横浜の経済界が力を合わせて設立した。長らくミナト横浜のシンボル的な存在であり、民間の迎賓館という役割を担っていた。

そのホテルが九十周年という節目を迎えると聞いて、何か書けないかと取材を始めた。スパゲッティのナポリタンはこのホテルで誕生した、ここで考案されたデザートがあるといったことを教えてもらったが、すでに何度も紹介され、よく知られた話のようであった。

できることなら書き古されていない話題はないだろうか。そんなことを考え何度か通ううちに耳にしたのがこのカクテルだった。

いくら調べても最終的に定かなことは分からない。だが、それが街の記憶というものなのだろう。それならば、現時点で分かる範囲のことを紹介しようと取り組んだ原稿だった。

　この記事には実は決定的に欠けている要素がある。所作と色は記したが、一番大切なはずの味に触れていないのだ。作ってもらった一杯は当然、飲み干したのだが、馴染みがないこともあり、表現のしようがなかった。あえて記しても陳腐な言葉しか見つからない。それはこのカクテルに対して失礼だろうと思ったのだ。

　ニューグランドは、日本に進駐した直後に、マッカーサーが宿泊したホテルとしても知られる。ホテルの片隅には、そのことを紹介する写真パネルが掲げられている。「マッカーサー元帥」との説明のある肖像もあるのだが、その襟元の階級章には星が四つしかない。日本に上陸した時にはすでに元帥に昇進しているので五つ星のはずだ。誰も指摘した人はいなかったのだろうかとの疑問と同時に、どうやってこの写真を調達したのだろう。そんなことが気になった。

十三　川崎市立日本民家園の五十周年（第七十話）

川崎市立日本民家園が五十周年を迎えた。多摩区の生田緑地には古民家など二十五棟が移築され、近年は海外からの観光客も目立つ。それにしても「日本」を冠した市立の施設はどのように生まれたのだろう。経緯をたどると、関わった人たちの強い思いが伝わってくる。

◇　◇

一九五五年の夏、横浜国立大学建築学科の四年生だった関口欣也さんは、卒業論文の調査に川崎市麻生区の丘陵を歩いていた。

対象は細山・金程地区。小田急線の百合ケ丘駅から新百合ケ丘駅の北側で、現在は住宅街だが、当時は農村で百三十五戸あった。関口さんは二キロほど離れた集落で育ったが、「地元ではやりにくい」と考えた。

農村の近代化の進め方を考えるため住まいの現状を把握するのが狙い。家々を訪ねて話を聞き、図面を描いた。戦争で働き盛りが根こそぎ動員され大工も屋根職人もいない時期があったため傷んだ家が多かった。

日本民家園誕生のきっかけとなった伊藤家住宅。江戸中期以前のものとしては保存状態もよかった。1965 年＝川崎市立日本民家園提供

その中に、際だって古い建物のあることに気づいた。江戸時代に名主だった伊藤家の住宅だった。

建築史の大岡實教授にも相談したが、建築時期は判断できなかった。寺や城とは違い、古民家の基準を示す研究はなかった。

大岡教授は県内の古民家調査に乗り出した。様式から時代を特定する基準作りを目指し各地を調査した。

その結果、六〇年に、伊藤家住宅は十七世紀末～十八世紀初の建築と推定された。保存するために国重要文化財に指定し、横浜の三溪園に移築する方針が固まった。

川崎市で文化財を担当していた古江亮仁さんが、その計画を知ったのは六四年二月。川崎に残せないかと大岡教授を訪ねると、

緑の中に古民家が点在する日本民家園。囲炉裏では火をたき、かつての暮らしの空気が漂っている。川崎市多摩区

（一）三溪園以上のメリットを示す
（二）市の枠を超えた文化財建築物の保存施設にする――との条件を提示された。

古江さんは生田緑地での保存を考えた。生田緑地では史実の根拠のない白亜の城の計画が進んでいた。

市幹部や市議らに説明すると賛同を得た。川崎の金刺不二太郎市長が横浜の飛鳥田一雄市長に協力を要請し、六四年五月に伊藤家住宅の生田緑地移築が決定。民家では県内初の重要文化財になった。

「歴史がない」「文化がない」ととかく言われた川崎に、市民のくつろげる歴史施設をと考えていた古江さんは、大岡教授と民家園の構想を練った。その結果、東日本の農家を中心にして江戸時代の民家を集める方針を決めた。

六四年十一月の川崎市議会ではこんな質問があった。

「市内の古民家を保存するというので了解したが、県内どころか他県のものまで集めるというのでは一自治体の仕事とは思えない。国の事業ではないか」

古江さんが答弁した。

「川崎の人口が百万になるのは数年後に迫っているが、その人口の八割三分は全国各地から集まって来た人々。市民共通の〈ふるさと〉として各地の代表的な古民家を集めて再建するものです。古民家は先祖の生活の場であり民衆の文化財。観光ブームで封建領主の牙城である城郭を鉄筋コンクリートで復元するのを見かけるが、それとはまったく性質が違います」

この間を「市長には指導力があり、関わった人たちには熱意と良識があった」と関口さんは振り返る。

六七年四月にオープン。三棟しかなく、初日の入園者はゼロだった。それが昨年は十二万五千人に達した。

◇　◇

関口さんは県庁に就職したが、横浜国大に戻り建築史の教授となった。文化財という認識が希薄だった時期から古民家の研究に打ち込んできた関口さんに思わず尋ねた——「古民家の何にひかれたのですか」。

答えは簡潔だった。

「気持ちがなごむ。理屈抜きにいいものだよ」

その言葉を胸に緑の季節を迎えた民家園を歩いてみた。なるほどその通りだ。同時に地域により家の形や役割が多様であることを痛感。文化勲章を受けた速水融・慶應義塾大学名誉教授ら歴史人口学者の研究を思い出した。江戸時代の宗門改帳などを分析し、家族の形は地域により違っていたことを明らかにした。〈伝統的な家族の姿〉と語られるものは、明治に全国共通の民法が施行されたことで形作られたことを教えられた。古民家には近代以前の日本の多様性が宿っている。


（二〇一七年六月三日掲載）


民家園は大好きな施設だ。独特の雰囲気と匂いがある。農家だった母の実家を訪ねた子どものころの懐かしい記憶がよみがえる。

だから日本民家園が半世紀を迎えたと知ると、その歴史を調べ始めた。

関口さんの話を聞かなければ、満足できる原稿ができないことは、何冊か本に目を通すうちに分かってきた。そこで取材のお願いの電話をした。ところが、その関口さんは「体調も良くないので、話などしたくない」という。どうしようと、と困ってしまった。それを脇で聞いていたようで、電話を切るために受話器を受け取った奥様がこうおっしゃってくれた。「本人はあんなことを言っていますが、構いませんからお越し下さい」。そのまま訪ねる日時を、奥様と決めた。

それでお目にかかることができた関口さんは、迷惑がることもなく話を聞かせてくれた。写真を撮りたいとカメラを出すと、買ったばかりだった私の新しいカメラに興味を示してくれた。カメラは大好きだと知った。

著作集の刊行が進まないとの話も聞いた。理由を尋ねると、過去に発表した論文を再録した本など出したくない。出すならすべて新しい原稿を書き下ろしたいのだという。それなら進まないのは当たり前だ。何とも素敵なまでの頑固ぶりだった。

帰りぎわに奥様と話をすると、「取材を受ければ、励みになりますから」とにっこりされた。こちらも何とも素敵なご夫婦だと思った。

それにしても、この施設が生まれたのは奇跡のように思えてならない。関口さんが口にした「熱意」と「良識」が強く印象に残った。頑固ぶりと同じく、今日の社会に欠けているように思えてならない。

十四　ヨコハマ洋館探偵団の三十年（第百一話）

春の気配が漂うと横浜市中区の山手の丘は観光シーズンの幕開けだ。港の見える丘公園から元町公園、山手イタリア山庭園と続く通りには、歴史を感じさせる洋館が立ち並び、〈横浜らしさ〉を味わうことができると人気の的だ。

そうしたコースが整備される前から、洋館を巡り続けているグループがある。その名も「ヨコハマ洋館探偵団」。スタートから三十年の節目の春を迎えている。

山手の丘のふもと、本牧地区のお母さんが集まった子どもへの本の読み聞かせ活動が始まりだった。四十年も前のこと。何年か続けるうちに、「自分たちも勉強しよう」との声があがるようになった。そこで地元が舞台の文学作品を読み、現地を訪ねるようになった。

歩くうちに洋館が気になった。「子どもの時に読んだ海外児童文学の世界が山手の丘にはありました。別世界に見えましたした」と探偵団代表の碓井きよ子さん。

一九八〇年代の半ば、山手の丘にもバブルの波が押し寄せていた。

「山手には七十棟ほどの洋館があったのですが、古い洋館が消えようとしていました」と探

1992 年は「赤れんがのある風景」が探偵団の活動テーマだった。ウォッチングで訪ねた横浜港の赤れんが倉庫は落書きだらけの状態だった。整備が始まる前の段階だ＝ヨコハマ洋館探偵団提供

偵団の団長の嶋田昌子さん。「気付くと、取り壊す直前といったこともありました。どうにかならないのかと慌てて市役所に掛け合っても、保護の対象ではなく、担当部署も不明確でした」

◇　◇

建築の専門家を招いて現地を巡る学習会を始めた。しだいに参加者が増えたので定例会とした。藤森照信さんら建築家の集団として有名だった「東京建築探偵団」にあやかり名前をつけた。八八年のことで、その年に横浜市は「歴史を生かしたまちづくり要綱」を制定し歴史的建造物の保存と活用の取り組みを始めた。

どんな洋館があるのか。何軒あるのか。探偵団では一軒ずつ調べた。「画板を首からさげ

民家をのぞいて歩くのですから不審者だと思われたでしょうね」と篠原雅子さん。まず探したのは赤い〈フランス瓦〉の屋根だった。「上ばかり見て歩くのでつまずくんです」と岩本真知子さん。「ひたすら歩き続けました。よく事故に遭わなかったものです」と森真知子さん。

フランス瓦の屋根が特徴的なブラフ 18 番館。カトリック山手教会の司祭館だった。山手の丘には横浜市が整備した洋館が 7 棟あり、無料で公開されている。横浜市中区

フランス瓦の家の分布はリーフレットにした。瓦を製造したジェラールの足跡を追い、団長の嶋田さんはフランスまで出かけた。

ブラフ十八番館がイタリア山庭園に移築されたのは九三年。窓などの様式が古かったが、解体すると〈かすがい〉をふんだんに使った構造だった。「関東大震災後の建物である証拠で残念でした」と嶋田さん。

関東大震災で一帯は壊滅的な打撃を受けた。残っていた洋館はその後に再建されたものとわかった。

長崎、神戸、横浜は雰囲気の似た港町で、

洋館があるのも似ている。しかし、長崎は幕末・明治期、神戸は明治・大正期が中心なのに対して、横浜は大正・昭和期の建築物。街の歴史を背負い、相当に性格の異なることも見えてきた。

関内地区のビルや郊外の洋館へと関心は広がり活動の対象も拡大していった。

建物には、住んだ人の暮らしと思いが刻まれていることにも気付いた。震災の後、横浜の洋館は山手のほか本牧、磯子、根岸、三ツ沢など関内の周縁部へと広がった。地盤の確かな高台ばかり。「震災がいかに恐怖の記憶であったのかを伝えています」と嶋田さん。

震災からの復興期は、生活の転換期でもあった。ガスと水道、電気が普及し台所は大きく変わった。応接間など家の一部だけを洋風にする〈一間洋館〉も増えた。洋式の暮らしを日本人が独自に消化した段階を迎えた。

横浜の景観のアクセントでもあるヒマラヤスギが増えたのも復興期。英国人が郷里をしのんで庭先に植えていたものだった。学校、警察、医院が洋風の建物に再建され、そこに似合うとして植えられたという。

◇　　◇

三十年の活動で街の成り立ちまでが見えてきた。団長と代表は七十代の半ばを迎えたが、「新しいテーマが次々浮かび、飽きることはありません」と口をそろえる。ほぼ一回り若い篠原さんら三人は活動の実務を担っている。女性が中心だったが、近年はリタイアした男性も増えている。昨年の講座には百四十五人の申し込みがあった。

（二〇一八年三月三日掲載）

困った時には、この人に話を聞けばいい。嶋田昌子さんは間違いなく、そんな一人だ。横浜シティガイド協会を設立し、横浜の魅力や名所を案内する市民ガイドの制度を定着させた。そのシティガイド協会は、ヨコハマ洋館探偵団の副産物だった。

もともと好きで自然発生的に始めたのがヨコハマ洋館探偵団。今日風にいえばママ友による文化活動である。それを進めるうちに、洋館の案内をしてほしい、説明してほしいといった依頼を受けるようになり、シティガイド協会に発展したという。

驚くばかりの好奇心と行動力である。その結果、専門家の知識が市民に浸透して、市民が足で集めた情報が研究の深化をもたらしていた。

自分の住む街の成り立ちが見えてくる。それは目につく観光名所ばかりではない。かつて嶋田さんに、革新自治体の残したものという説明を聞いたことがある。一九六三年に始まった飛鳥田一雄市長による横浜の革新市政は、高度経済成長と都市の爆発という時期の行政を担った。みなとみらいの開発、港北ニュータウンの造成、横浜ベイブリッジや市営地下鉄の建設など今日の横浜の骨格を形作った。

嶋田さんは、気づきにくい遺産として街角の小さな公園や緑地を指摘した。それは国の制度にはなかったもので、飛鳥田市政ならではの独自の発想が可能にしたものだった。そして生活の周辺に今日の横浜らしさをもたらし、市民の貴重な財産になっているという。

その話を聞きながらほとほと感心した。その市政を実現した人たちと、その特徴を後世に語り伝えようとする人たち、その双方にである。

それもまた、きっと横浜らしさなのだろう。

第二章　足元の明治維新と戊辰戦争

明治維新は日本の歴史における最大のイベントといえるだろう。二〇一八年は明治元年から百五十年に当たり、テレビドラマでも、出版でも、それにちなんだ企画が目に付いた。

日本に近代をもたらした大きな画期である明治維新と戊辰戦争を避けては通れない。何を書くべきかを検討し、目の届きにくい明治維新の側面に迫ってみようと思い立った。

目標として考えたのは二つだった。

一つは「明治維新の置かれた国際環境」。とかく日本列島内の英雄の物語として語られがちだが、歴史は日本を中心に動いているわけでない。どのような国際環境の中での出来事だったのかを考えてみたい。

もう一つは「民衆にとっての明治維新」。この地に生きた、私たちと同じ民衆にとって明治維新とはどのような出来事だったのだろう。英雄が主人公ではない明治維新、戊辰戦争を考えてみたい。

遠くでの出来事ではない。足元に明治維新と戊辰戦争を見つけてみたい。

一　明治天皇、盗撮された〈幻の写真〉（第百話）

縦十五センチ、横二十センチほどの古写真が英国の美術品オークションに登場したのは二〇〇〇年だった。「日本の天皇陛下とご一行」と台紙には英語で記されていた。写っている人物の説明もあり、ひな飾りから抜けだしたような姿の中央の男性は「天皇陛下」、もう一人の和装の人物は「三条大臣」、右から五人目の立っている人物は「M・ヴェルニー」と記されていた。

明治天皇の公式の記録である『明治天皇紀』は、一八七二（明治五）年元日に明治天皇が横須賀造船所の開所式に行幸したと伝え、その際に「諸臣等と記念の撮影を為《な》し」たが、それは「蓋《けだ》し聖体を撮影せしめたまへる始なるべし」と記している。

史上初めて天皇が撮影されたとの記録だが、その写真が一般の目に触れたことはなかった。天皇は「小直衣《このうし》、切袴《きりばかま》を著し、金巾子《きんこじ》を冠し、扇子《せんす》を把《と》りて椅子《いす》に凭《よ》りたまへり」という宮廷装束だったと『明治天皇紀』は伝え、写真と一致する。太政大臣三条実美やフランス人技師ヴェルニーが随行していたことも記録されていた。

「天皇陛下とご一行」　宮内庁が所蔵するもう１枚とあわせ２枚が確認されている＝明治大学図書館蔵　Christian Polak Collection

〈幻の写真〉の出現であることは明らかだった。

どのように撮影されたかに関心は向かったが、横浜で写真館を営むオーストリア人のライムント・フォン・スティルフリートが、造船ドックの岸壁にいる天皇一行を、近くの船の帆に隠れ撮影したものだった。

そうした経緯が分かるのは、外交問題に発展し、横浜で発行された英字新聞などが報じていたからだ。スティルフリートは売り出すとして新聞に広告も載せていた。日本側は驚いたが、治外法権のため直接、手は出せなかった。最終的にはオーストリア側がネガとプリントを没収。一

横須賀行幸を伝えるフランス L'Illustration 紙の 1872 年 3 月 2 日号のイラスト。高い席から作業を見る明治天皇の服装は、盗撮写真とイメージが一致する＝横浜開港資料館蔵

般に流通することはなかった。

◇　◇

この写真は二〇一四年に横浜の県立歴史博物館で展示された。高級外車にも相当する高値がついたのを日本にもたらしたのはフランス出身のクリスチャン・ポラックさん（六七）だった。東京・日本橋でコンサルタント会社を経営するポラックさんは日仏関係資料のコレクションで知られる。文書四万枚、書籍一万冊、地図・版画・浮世絵・ポスターなども豊富で、古写真は一万枚に上る。

一橋大学で博士号を得た歴史学者でもあるポラックさんは収集するだけが目的ではない。研究の対象だ。

横須賀での写真では、写っているフランス人の事績を追った。造船所建設に活躍したヴェルニーは、横須賀に名を冠した記念館や公園があり、よく知られる。

ヴェルニーの左隣に立つリュドヴィク・サヴァティエをポラックさんは調べた。海軍の軍医として来日し、ラテン語による初の日本植物大目録を残した。

サヴァティエの出した手紙をフランスで二百通も見つけた。見知らぬ花々や新たな植物の研究に熱中する様子が伝わってきた。十年に及ぶ日本滞在で、一千八百種の植物を分類し標本として欧州に紹介したが、百以上の新種が含まれていた。欧州の植物を取り寄せ、日本の研究者に提供してもいた。

サヴァティエは長州藩との下関戦争などにも従軍。手紙は歴史の証言としても興味深い。日本の内戦状態を紹介し、「フランス人は中立をまもり、この喧嘩にはかかわらないと宣言しました。横浜の町の日本人は、イギリス人より我々のことをずっと好ましく思っています」と記している。

知らなかったと驚くと、「日本の歴史からフランスの姿が消えています」とポラックさんに指摘された。

「この写真にフランス人がいるのも、日本初の近代的造船所がフランスの技術で築かれたから。世界遺産の富岡製糸場、海軍関係の技術、法律もフランスがモデルとなりました。それなのに日本人が気付きにくいのは、日本の歴史が薩長によって英国を中心にして作られたからです」とも。

◇　◇

盗撮したスティルフリートの人物像は、英国・聖アンドリュース大学講師のルーク・ガートランさんの研究で明らかになった。オーストリアに残る記録から、外交交渉の詳細も判明。日本はネガや写真の買い取りを考えたが、盗撮の横行を助長することになるとの批判で取りやめていた。

盗撮を契機に〈君主像〉はどうあるべきかという近代的課題に日本は直面し、軍服姿の〈ご真影〉が誕生することになったともガートランさんは指摘する。

スティルフリートは世界を旅した写真家だった。上海から横浜への定期航路は一八六四年に、サンフランシスコと横浜の航路は六七年に開かれた。六九年にはスエズ運河が開通。七二年にはフランスでジュール・ヴェルヌが『八十日間世界一周』を書き上げている。

そうしたグローバル化の波の中、スティルフリートは日本へやって来た。欧米における日本への関心の高まりは、誰も見たことのない天皇の肖像が大きなビジネスチャンスであることを意味し、それが盗撮の動機だった。

ポラックさんはコレクションを明治大学に譲った。フランス法の学校として設立された歴史を持つ。ガートランさんの研究には昨年、法政大学がヨーゼフ・クライナー博士記念国際日本学賞を贈った。こちらもフランス法を淵源とする学校だ。

〈天皇の初の写真〉というだけにとどまらない多様な歴史が一枚の写真から浮かんでくる。明治維新とはどのような世界情勢の中での出来事だったのかもほのかに見えてくる。日本に閉じこもっていては見えない歴史があることを、今またグローバル化のうねりの中で戸惑う私たちに教えてくれる。

（二〇一八年二月二十四日掲載）

この当時の写真技術は今日とはまったく異なっていた。撮影の直前にガラス板に薬品を塗り、撮影するとその場で現像するガラス湿板というシステムだった。カメラは大型のうえ、そうした作業のために簡易暗室を持ち運ぶことも必要だった。相当な量の機材一式を横浜から横須賀まで運び込んでの盗撮だった。

写真家を行動へと突き動かしたもの、それは天皇の写真が撮れれば欧米人に売れるとの思いだった。国を開いたばかりの日本への関心は高かったが、天皇の姿を知ることはできなかった。そこにビジネスチャンスがあった。

スティルフリートを日本へと誘ったのは、未知なる国への好奇心、新たな市場への期待といったものと考えられるが、それこそが日本に開国を求めた欧米諸国の外圧の正体だったのだろう。英国で始まった産業革命の余波が極東にまで及んだ現れであったはずで、戊辰戦争は、そうしたグローバル化の波によって欧米からもたらされた新たな武器による戦いであり、勝敗を分けたのは、新たな武器をいかに効率的に運用するかという能力の差だったことが近年の研究によって浮き彫りになっている。

日本を中心にした歴史は、日本を中央に置いた地図と同様に見慣れたものだが、世界は日本を中心に動いている訳ではない。少し視点を変えて見つめると、違った歴史の側面が浮かんでくる。

この写真にしても、クライナーさん、ポラックさん、ガートランさんがいなければ知ることはなかった。そんなことを考えているうちに、子どもの時に夢中で読んだ『八十日間世界一周』が、明治維新と同時期の物語であることにようやく気付いた。

二　米国銀行の日本進出、なぜ開港四十年後（第九十話）

「日本で業務を開始して百十五周年」。職場でそんな一文が目に入った。前身のインターナショナル・バンキング・コーポレーションが横浜港近くに支店を開設したのが一九〇二年で、それは米国の銀行の日本で初の支店だったという、米国金融大手シティグループの広報資料だった。

会社の歩みを伝える簡潔な説明を読むうち、疑問がわいた。一九〇二年といえば明治三十五年。ペリーが率いる米国の黒船艦隊が初めてやって来たのは幕末の一八五三年。その要求で六年後には横浜の港が開かれた。ところがそれから四十年以上も米国の銀行がなかった。なぜなのだろう……。調べてみた。

◇　◇

開港と同時に欧米の商社が活動を始めた。決済には銀貨などを使ったという。

銀行の活動は開港の四年後、一八六三（文久三）年に始まった。セントラル、マーカンタイル、コマーシャルの三銀行が横浜に支店を開設した。いずれもインドが本拠で英国系。翌年には東洋銀行が進出。ロンドンが本店のアジア最大規模の植民地銀行だった。

幕末には英国系六行、フランス系一行が横浜で業務を始めた。明治になると一八七二（明治五）年にドイツ銀行が、続いて八〇年に英国系チャータード銀行、九二年に華僑系チャイナ・ナショナル銀行、九八年にロシアやフランスなど出資の露清銀行が横浜に支店を開設。

横浜港近くの山下町に完成した開業直前のインターナショナル・バンキング・コーポレーション横浜支店。現在の神奈川芸術劇場の道向かいに当たる。1902年撮影＝シティグループ提供

ところが米国の銀行は見当たらない。それは銀行だけではない。ペリーの後、米国が日本の歴史で重要な役割を果たすのは、一九〇四年勃発の日露戦争の仲介役まで見当たらない。

そこには米国内の事情があったようだ。

ペリーの来航は捕鯨が大きな目的だった。鯨油はランプや機械油として重要だった。その漁場が太平洋へと広がり、捕鯨船は燃料や水の補給基地が必

要となり日本にやってきた。

その要求を拒めず、一八五九年に横浜を開港。開国と攘夷で国論は二分され、安政の大獄へと発展した。ところがその年に米国では初の油田が発見された。鯨油だと明かり代に月十ドルかかったが、その金額で灯油なら一年分をまかなえた。捕鯨の需要は縮小した。

六一年には南北戦争が始まった。四年間で六十万人以上が死亡する内戦。外国や外交への関心は薄まった。

奴隷解放をめぐる脈絡で語られることの多い南北戦争だが、対立は産業政策の根幹をめぐるものだった。

綿花など工業材料を生産する南部は自由貿易を求めたが、それは植民地を持つ英仏などと同じ主張だった。一方で工業が根付き始めた北部は高関税を設けた保護貿易を必要とした。

◇　◇

とかく〈欧米〉と一括して考えがちだが、英仏と米国とでは基本的姿勢が当時は大きく違っていた。

分かりやすい例が横浜港の大桟橋だ。明治二十年代の後半に初めて完成し、大型船の横付けが可能になったが、原資は米国から返還された賠償金七十八万五千ドルだった。一八六四年に長州藩が英仏蘭米四カ国の艦隊と戦った。賠償を求められた幕府と明治政府は総額三百万ドル

1906 年の横浜支店のスタッフ。当時は貿易金融が業務のほとんどで、日本からは生糸や絹織物、茶が輸出され、米国からは農産物が、欧州からは機械類が輸入された＝シティグループ提供

を四国に払った。一八六七年に米国がロシアから購入したアラスカが七百二十万ドルだから相当な巨額だ。

ところが米国だけは「受け取る理由がない」との姿勢をとり、議会などの手続きに時間はかかったが日本に返した。関税自主権を持たないなど不平等条約下の日本への同情があった――などと分析されている。

当時の貿易収支は日本の大幅な輸出超過で、米国にとって日本とのビジネスの重要性は低かった。

そうした時期を経て、一九〇二年に米国銀行の支店が横浜に誕生した。シティグループの資料によると、上海、シンガポール、マニラ、香港、コルカタとアジアの主要都市に一斉に支店を開いている。

一八九八年にハワイを併合した米国は、さらにキューバを巡るスペインとの戦争で勝利しフィリピンを手に入れる。内戦からの復興と西部など国内開発に集中していた米国の関心は太平洋へと向かい始める。

一九〇二年は、日英同盟が結ばれた年でもある。その二年後に日露戦争が始まると、米国はポーツマス講和会議で仲介役を果たす。そしてその後、米国は日本にとって一貫して最大の存在感を保ち続けている。

米国の新しい大統領が来日した年の暮れに、ふとしたことから日米の関係史をたどってみたが、知らないことの何と多いことか。現在は二倍以上の差がある日米の人口だが、明治維新前後にはどちらも三千万人台で同規模だった……なんてまったく知らなかった。

（二〇一七年十二月九日掲載）

ペリーが日本にやって来たのは捕鯨船への水や燃料の補給を確保するためだったことはよく知られている。ハーマン・メルヴィルの小説『白鯨』が発表されたのは、ペリー来航の二年前のことである。米国で鯨の油は灯りに使われていたが、鯨が必要だったのはそれだけではなかった。

鯨からしか採れない物質があったのだ。精密機械の潤滑油として重要だった鯨蝋である。米国は南北戦争の直前で、映画「風と共に去りぬ」の時期である。南部で栽培が拡大した綿花から糸を紡ぐ機械に欠かせなかった。

十八世紀から十九世紀にかけて地球は冷え込んだ。小氷期と呼ばれる。そうした厳しい環境の中、人間は生きるために知恵を絞り技術を編み出した。ウールや皮革とは違い繰り返し洗うことができるコットンはその一つで、伝染病による死亡率の高かった暮らしに衛生革命をもたらした。麻とは違い保温性も高かった。

そうした需要を背景に大西洋側でクジラを取り尽くしてしまい、太平洋に鯨を求めるようになり日本にやって来たのだった。

米国に先立ち日本に開国を求めた国があった。ロシアだった。こちらは毛皮を求めてシベリアを横断し、ユーラシア大陸の東端へと到達した。この動きをもたらしたのも厳しい冷え込みだった。

寒さというキーワードで歴史がつながって見えてくる。こうした視点が注目されるようになったのは近年のことだ。地球温暖化への懸念の高まりの中で、過去の気候変動が注目されることになった結果だった。社会の変化、時代の必要に応じて、新たな歴史が見つけ出されることを教えてくれる。

三　元警察署長の幕末維新研究（第九十五話）

江戸から明治へと時代が大きく転回した幕末維新期の横浜には、英仏両国の軍隊が駐屯していた。最盛期には一千五百人に上った。

「外国人へのテロが相次いだためでした」と横浜市緑区の鈴木康夫さん（七一）は背景を説明する。

外国人が襲われたのは、よく知られる生麦事件だけではなかった。鈴木さんがまとめた「外国人殺傷事件一覧」には、一八五九（安政六）年の横浜でのロシア水夫殺害事件から、七〇（明治三）年の東京での英国人教師襲撃事件まで三十五件を収載している。死者二十六人、負傷者三十四人に上ると推計。うち十二件が横浜で、一件が鎌倉で発生していた。

「幕末の横浜の外国人は軍人を含めても二千人程度ですから、とんでもない確率でした。外国人へのテロなど本来は一件でもあったら大変なことです」

言葉には切実さがこもる。鈴木さんは保土ケ谷署と青葉署の署長をつとめた元警察官。定年後に幕末維新期の治安の研究を始め、成果を昨年、「横浜外国人居留地における近代警察の創設」

と題する警察政策学会の資料集としてまとめた。

◇　◇

鈴木さんが注目するのは治安の乱れが外交に及ぼした影響だ。

横浜に他国の軍隊が駐屯することは日本の主権の侵害だったが、六一年に英国公使邸が襲われたのが契機となり、「日本側で守れないなら自分たちで守る」という論理で始まっていた。

「幕末に結んだ諸条約は不平等で知られますが、不平等ぶりは、当初は軽度でした。治安の乱れにつれて深刻になったのです」と鈴木さんは説明する。

五八年の安政五カ国条約によって五九年に開港した横浜は長崎がモデルだった。居留地周辺を掘削して「出島」化して外国人を隔離する政策で、橋に関門を設け、その内側が「関内」と呼ばれた。

不平等条約の代表のように語られる〈領事裁判権〉は、その段階ですでに認めていたが、「近代的法制度がないのだから仕方ない側面があった」と鈴木さん。「それより問題なのは自治行政権を認めたことです」

横浜居留地では自治権は認めたが、財政基盤となる徴税権は認めなかったため、自治警察が発足したものの維持できなかった。

ところが幕末の混乱が深まった六六、六七年に結んだ条約では日本の立場は大きく後退した。

新設する神戸と大阪の居留地で徴税権を認めた。「統治権が衰え治安が乱れる中、幕府には諸外国の要求をはね返す力がなくなっていた」と鈴木さん。

財政基盤を確保した外国人が警察も運営し、居留地は日本の主権から切り離された。中国の「租界」と同様の準植民地状態になったと鈴木さんは指摘する。

関税協定の見直しも迫られた。それまでも平等とはいえない状態だったが、当時の中国とほぼ同じ不利な条件に追い込まれた。安価な外国製品が流入することになり、〈関税自主権〉の回復はその後長らく日本の悲願となる。

◇　◇

六八年に明治が始まった。外国軍の駐屯を〈国の恥〉と考えた新政府が交渉すると、英国公使は「日本が守れるのなら、いつでも撤退する」と応じた。

そうした状況の中、神奈川県は七〇年に「巡整吏卒」を発足させた。英国の「ポリス」をモデルにした警察制度で、受け持ち地域を定め巡回した。翌七一年には警察行政を担当する「羅卒課」を設置。居留地周辺の関門は廃止し、代わりに交番所を置いた。いずれも日本初だった。

「関門は江戸時代の制度で、夜になると門を閉めました。それに対して交番所は二十四時間の体制でした」

鈴木さんはさらに七五年に制定された「行政警察規則」を重視する。敗戦によって一九四七

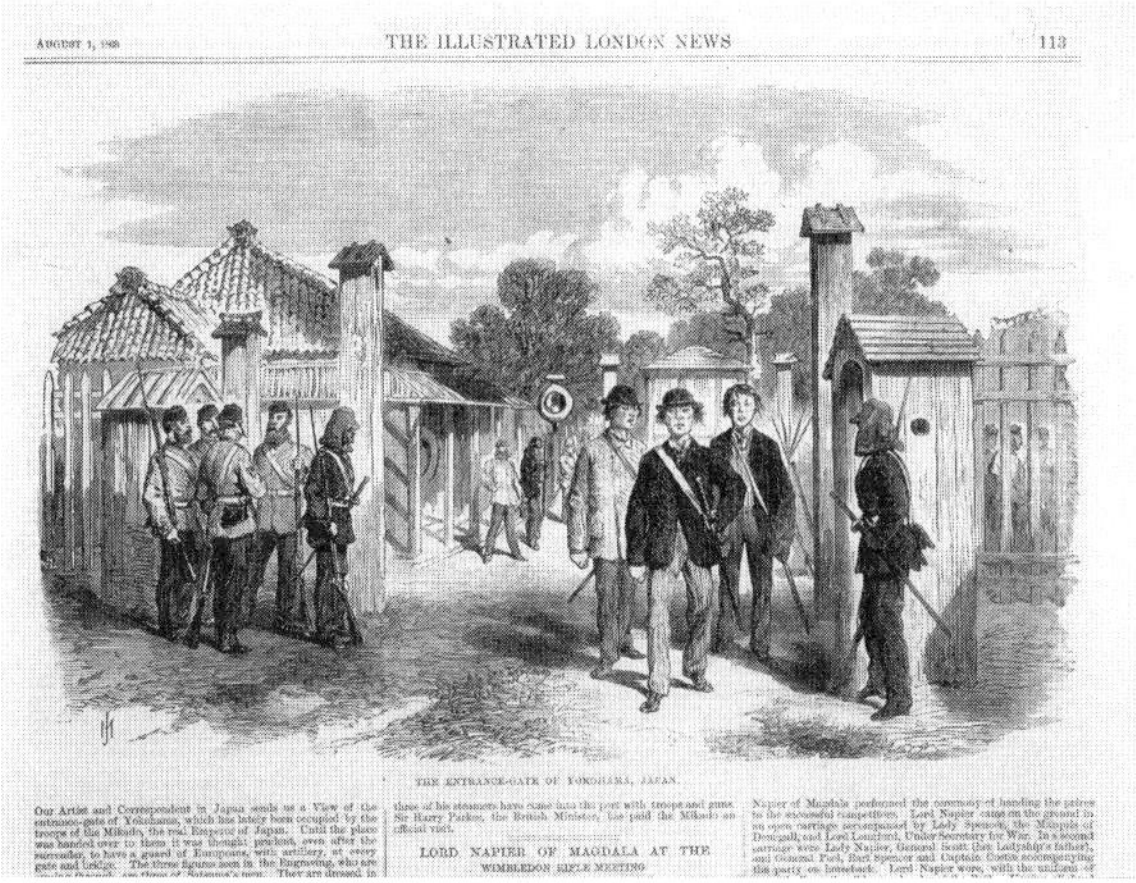

1868年8月1日の英国の新聞「絵入りロンドンニュース」に掲載された横浜外国人居留地の関門。門の左に銃を持った駐屯軍の兵士が見え、中央を歩くのは薩摩藩士、門の両側に立つのは幕府の制度による要員らしい＝横浜開港資料館蔵

年に廃止されるまで長年、警察行政の基本となった法律だ。

　条文の多くに上海の英国租界の警察規則が採用されているのを見つけた。上海に視察団を派遣したのは神奈川県で、この規則を持ち帰り翻訳したのも神奈川県だった。全国対象の「行政警察規則」の制定に神奈川県の果たした役割は大きいと鈴木さんは考える。

　「内務省史」が「明治の新しい警察行政は新首都東京を中心として発足している」と記すなど、近代警察は東京で始まったと考えられてきた。

　それに対して鈴木さんは「近代警察は横浜で始まった」と考える。「国の制度に先立ち、外交上の必要から警察は生まれたのです。東京を中心に考えていては見えない歴史でしょう」と指摘する。そのうえで「治安の乱れは国を損なうことを教えてくれます。治安は何よりも大事です」とも。

ちなみにこの時期、治安の悪さに苦しんだのは外国人だけではなかった。そうした中、外国の軍隊が駐屯した横浜は、他の地域に比べれば治安は安定していたという。

（二〇一八年一月二十日掲載）

日本における近代警察の誕生をめぐっては、司馬遼太郎の『翔ぶが如く』がよく知られる。東京に警視庁を設立し初代大警視（今日の警視総監）となった川路利良を「日本警察の父」と位置づける物語だが、川路以前に日本の警察は横浜で産声をあげていたと鈴木さんは指摘する。

鈴木さんの研究は独創的であり実証的だ。その研究を可能にしたのは視点の転換だ。国内政治の脈絡で考えられて来た警察の誕生を、外交、つまり国際関係から読み解こうと視野を広げた。その結果、中国・上海の英国租界の資料にたどりついた。

対象を国外にまで広げたからこそ、新たな歴史像が浮かび上がってきた。英国租界の規則と、その後日本で制定された「行政警察規則」との逐条比較を鈴木さんは試みているが、それを見ると一致する部分は明白だ。警察という制度をつくらなくてはいけないが、どのようなものかわからない。一番間近にあった西洋の警察制度、それを視察しモデルにしたのはごく自然のことのように思える。これまで、そうした事実に目が届かなかったのはなぜだったのかを考えさせられた。

歴史の研究に資格はいらない。誰でも可能で、プロの歴史家の専有物ではないのだが、肝腎なのは、「私はこう思う」という主張ではなく、「なぜそう思うのか」という根拠を提示することだ。地道に探し出した資料を鈴木さんは丹念に読み込んでいた。その結果、歴史の空白部分に新たな光を当てていた。警察官として生きてきた鈴木さんの思いと誇りが、取材を通して何よりも伝わってきた。見習わなくてはと自省するばかりだ。

四　普仏戦争、パリでの丹念な記録（第百三話）

「いずれ勤めをやめたなら」という思いを抱いている人は多いだろう。藤沢市の渡洋二郎さんもその一人で、二〇一三年に六十四歳で長年の会社勤めに終止符を打つと動き出した。

挑みたかったのは曽祖父の残した日記だった。

曽祖父、渡正元は江戸時代の一八三九（天保十）年に広島で武士の家に生まれた。二十代で幕末の激動期を迎え、勤皇の志士として活動。藩の支配層と対立し脱藩し、大阪で蘭学を、江戸で仏学を学んだ。

外国で学びたいと横浜から英国行きの船に乗り込んだのは一八六九（明治二）年九月で、ロンドンを経て七〇年三月にパリに到着。すると四カ月後にプロイセンとフランスの間で普仏戦争が勃発した。戦争中にパリで見聞したことを正元は丹念に記録し、報告書として七一年に日本政府に提出すると兵部省が刊行。一九一四年に第一次世界大戦が始まると再版された。

◇　◇

渡さんの念頭にあったのはその日記。正元の子孫は〈いとこ会〉を結成し三十人余の会員がいる。その仲間に呼びかけ研究会を立ち上げた。目指したのは日記の現代語訳で、真野文子さんが担当した。さらに内容を理解するため研究者を訪ね協力を要請した。

横浜市立大学の松井道昭名誉教授も要請を受けた一人で研究会に参加した。フランス経済史が専門で普仏戦争を研究の対象としてきた。

戦争の発端はスペインの王位継承をめぐる確執だった。プロイセン王家から候補が出たのに対しフランス皇帝ナポレオン三世が反対した。将来にわたってスペインの王位につかない確約までを要求した。

渡正元。大正天皇の即位式に参列した時の肖像。フランスでは陸軍士官学校で学んだが、帰国後は軍人から法制官に転じた＝渡正元研究会提供

日記にはパリ市民の様子が記されている。

七月十四日。兵士が出発するのを正元は目撃する。

「パリの広い通りは所々人々が集まっていて通行で

きない。話は戦争でもちきりである」

五日後にフランスは宣戦を布告。「両国の首脳の大半に、戦争するつもりはありませんでした。流れを変えたのは群衆であり、開戦をあおるジャーナリズムでした」と松井さん。

背景には、一八一五年に成立したウィーン体制への不満があったと松井さんは考える。フランス革命最中の対仏干渉戦争に始まり、それを引き継ぐナポレオン戦争まで二十数年にわたった戦争を終結させたウィーン講和条約がもたらした平和の体制だったが、フランスには軍事的、外交的自主権を奪われたとの思いがあった。ナポレオンによって痛めつけられたプロイセンは、フランスへの恨みを抱いていた。

戦いは一方的だった。ナポレオン戦争で欧州を席巻した自負が支えのフランスに対し、プロイセンは宰相ビスマルクのもと軍備を増強し態勢を整えていた。スダンの戦いでフランスは敗れ、九月二日にナポレオン三世は捕虜となった。

九月四日にフランスは帝政廃止を宣言し共和制に移行。だが戦争は終わらず、パリは包囲された。籠城は百三十二日に及ぶ。

「パリ城内は飢渇し、寒さに凍え困窮している。パンは極めて劣等」「パリ市内の犬、猫、ネズミを食べつくした度合いはおおむね十のうちの七、八分になった」などと日記にはある。

勝つ望みはないのに、戦争をやめられない。日本の戦争末期とも似ている。一方、戦いの間にプロイセンと周辺国によってドイツ帝国が誕生する。

そして日記は七一年三月九日にこう終わっている。ドイツ軍がシャンゼリゼ通りを行進した八日後である。

「パリ市内は平静で変わったことはない」

◇　◇

研究会の成果は『巴里籠城日誌　校訂現代語訳』（同時代社）として出版。研究会では、欧州滞在期間全体の日記の解読を始めている。

「普仏戦争はその後の欧州に大きな影響を及ぼしたのですが日本では知られていません。戦争は突然やってくる。その展開や帰結には古今東西において共通する要素があるのです」と松井さん。『普仏戦争』（春風社）などの著作のほか、研究成果を松井さんはブログ（ｈｔｔｐｓ：／／ｂｌｏｇｓ．ｙａｈｏｏ．ｃｏ．ｊｐ／ｍａｔｓｕｉ６５２０）で紹介している。

簡単には外国へ行けなかった明治初年、正元に留学資金を提供したのは横浜の商人だったと渡家には伝わっているが、提供者の名前も、どのように返済したのかも不明だという。正元は一八七四年に帰国。法制官となり、一九二四年に亡くなるまで三十三年にわたり貴族院議員をつとめた。

（二〇一八年三月十七日掲載）

明治維新の直前に米国であった南北戦争に比べ、直後に欧州であった普仏戦争は日本ではあまり知られていない。ナポレオンが欧州に覇を唱えた大国フランスと新興勢力ドイツとの戦いであり、それまでフランス式だった日本の陸軍が、ドイツ式に転換するなど、戦争の結果はその後の明治日本にも大きな影響をもたらした。

普仏戦争とは何かを松井さんに教えてもらった。民衆の熱狂の中で戦争は始まっていた。平和の中の不満が、戦争を求めていた。だがフランスはあっけなく敗北。すると、「勝手に戦争を始めた」として皇帝ナポレオン三世は民衆に見捨てられた。

松井さんの研究対象は普仏戦争にとどまらない。ナポレオン戦争、普仏戦争、第一次世界大戦、第二次世界大戦と、四度にわたりフランスとドイツは国力を傾けて激しい戦争を繰り返した。その原因とは何だったのか、独仏対立の淵源こそが松井さんの大きな研究のテーマだ。

そうした研究の成果を松井さんは自身のブログで詳細に紹介している。人間はなぜ戦争をするのだろう。さらにはそうした戦争を経てドイツとフランスが中心になりEU（欧州連合）がどのように誕生したのか。日本人には目の届きにくい歴史だが、そこには今日の東アジアの複雑に見える情勢を考えるヒントがつまっている。

先祖の事績に迫りたいとの活動はこれまでも数多く見聞きしてきた。一族の誇らしさを確認したいという思いもあろうが、自分はどこから来たのか、自分は何ものなのかを知りたいのはおそらく人間として根源的な欲求の一つなのだろう。熱心な活動を目にして、そんな思いがした。

五　厚木の荻野山中陣屋の焼き打ち事件（第九十四話）

厚木の宿から北西に一里半、荻野山中藩の陣屋が襲われたのは幕末の慶応三年十二月十五日だった。新暦なら一八六八年一月九日に当たり、ちょうど百五十年前の今の時節の出来事だった。

自由民権の活動家となる天野政立は、数え年十四歳で目撃したその事件を自叙伝に記している。

強い雨が降り月のない闇の中、夜十時ごろだった。

「陣屋表門より発砲、其《その》音響数雷の一時に落ちるが如《ごと》きに驚き、直ちに戸外に出で見れば、砲声連続火煙三方に揚がり、所謂《いわゆる》焼き打ちなり」

五十〜六十人で襲いかかり、足軽ら二人と、火事だと駆けつけた近所の三人が殺され、重傷を負った藩士一人が三日後に亡くなった。

陣屋は小大名や旗本などもっぱら城を持たない領主の支配拠点で、荻野山中藩は一万三千石の小藩だった。厚木市下荻野の陣屋跡は現在、一部が公園として整備されている。

「荻野の歴史を学ぶ会」の田中事務局長（左端）らが小さな神社に案内してくれた。陣屋跡に幕末当時から伝わる唯一の施設だ。厚木市下荻野

◇　◇

「荻野の歴史を学ぶ会」の田中昭一事務局長らに現地を案内してもらった。

陣屋の見取り図を広げて土屋豊さんが説明してくれた。敷地は約一・五ヘクタールもあり、御殿や長屋、年貢の蔵や牢屋、馬場や弓の射場まで備えていた。しっかりした門構えだったが、いとも簡単に攻め落とされた。

「襲ったのは薩摩藩が集めた浪士隊でした」と難波伸幸さん。

だが、肝心の「なぜ襲われたのか」となると、「よく分からないのです」と首をかしげる。地元には何も伝わっていないという。

それではと県立総合教育センター指導主事の中根賢さんに聞いた。『小田原市史』で幕末維新を担当。この分野の研究家だ。

「薩摩の狙いは幕府を挑発することでした」

襲撃二カ月前の十月に将軍徳川慶喜は大政を奉還した。だが幕府は依然として力を持っていた。倒幕を狙う薩摩は武力行使の口実作りに、幕府が先に手を出すように仕向ける挑発工作に乗り出したというのだ。

約五百人の浪人を集めた薩摩は、他に栃木の山中での決起と甲府城の攻略を計画。だが事前に露見し、襲撃にまでこぎつけたのは荻野山中陣屋だけだった。

「今風にいえば同時多発テロでした」と中根さん。

陣屋を襲った五日後、栃木の部隊を制圧した幕府の治安担当者の江戸の自宅が襲われた。その三日後、江戸城の二の丸が焼失。幕府内で「薩摩を討て」と怒りが高まり、十二月二十五日に浪士の拠点だった江戸の薩摩藩邸を攻撃。さらに年が明けた慶応四年一月三日に鳥羽伏見の戦いへ発展した。

「戊辰戦争は鳥羽伏見の戦いで始まったとされますが、荻野山中陣屋の焼き打ちを抜きには、なぜ幕府が戦いに踏み出したかは理解できません。戊辰戦争の引き金となった重大な事件でした」と中根さん。

◇　◇

荻野山中陣屋が標的になったのはなぜなのか。

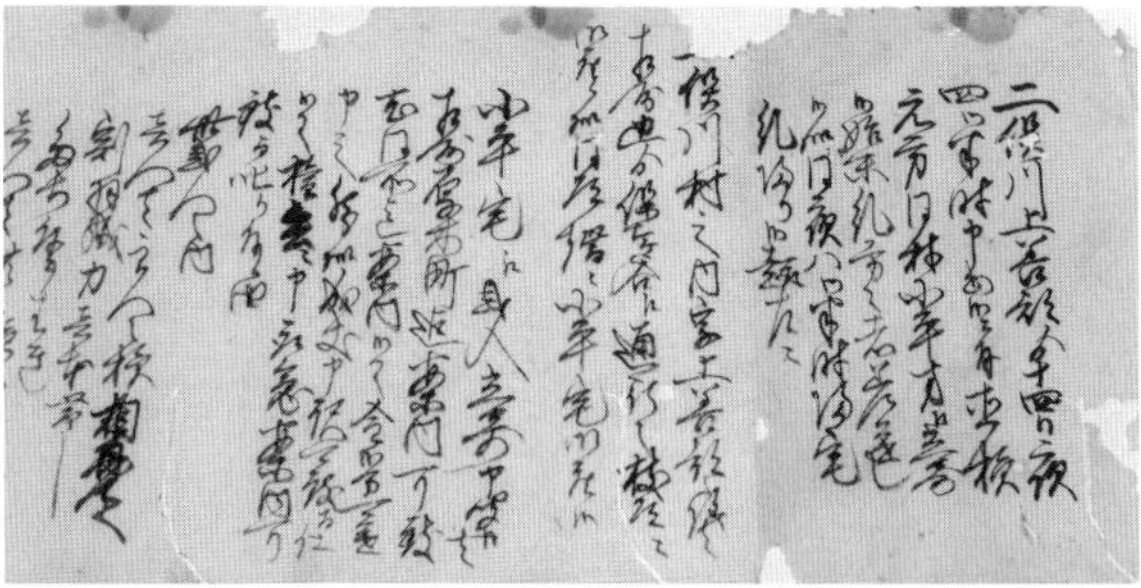

白根村（現在の横浜市旭区）の名主の記録。陣屋襲撃の前日に、二俣川村で怪しい武士の集団を目撃したとの情報が届いたので、人を派遣し確認していた。こうした情報ネットワークが、薩摩が狙った社会の混乱を防いでいた＝神奈川県立公文書館蔵

小田原藩の分家で譜代という家柄が狙われたと中根さんは見る。「小田原藩主は将軍のいとこ。その親類が襲われれば幕府は看過できないと薩摩は考えた」

相模川と主要街道が交差する厚木一帯に富裕層が育っていたのも要因と見る。「軍資金はいくらあっても足りません」と中根さん。陣屋で数百両を奪い、さらに「陣屋のようになるぞ」と近隣の資産家を脅し計三千両余を手に入れている。

薩摩は戦争の勝者となるが、明治政府がまとめた歴史書でも陣屋襲撃はあっさりとしか記されていない。「基本的にはテロですから、自慢できる話ではなかったはず」と中根さん。

襲撃隊は難なく江戸に舞い戻っている。当時の行政権限は領主が持っていた。別の領地に逃げれば警察権は及ばない。襲撃隊はそうした幕藩体制の弱点を巧みに突いていた。周到に準備したことをうかがわせる。

この事件で何よりの驚きは荻野山中藩の対応だ。襲われたとの報を受けた江戸の藩邸は部隊を派遣する。ところが一行は急ぐそぶりもなく大きく遠回り。

襲撃隊との遭遇を恐れたためで、天野政立は「武士道の精神廃れたるもの」と記している。

「荻野山中藩は士風が惰弱で知られ、その風評通りの振る舞い」と中根さん。襲撃隊には荻野山中藩の関係者も加わっていたとされる。人も制度も時代遅れで存在意義を失っていたことを物語るのだろう。

戊辰は慶応四年の干支《かんし》であり、戦争は列島の広い範囲に拡大し、九月には明治と改元。時代は大きく転回する。それから百五十年に当たるのを記念した行事が今年は様々に計画されている。英雄たちが脚光を浴びることになりそうだが、足元に目を向けると歴史のまた別の一面が見えてくる。

（二〇一八年一月十三日掲載）

浪人たちによる強盗として片付けられてきた事件だったが、研究の積み重ねで新たな姿が浮かんできていた。

たどると、歴史がどのように伝えられるかが見えてくる。襲撃側がその後の勝者なのだが、幕府を挑発するための「同時テロ」の一環なのだから自慢できることではなかった。

公式の記録に詳述されることはなかったのはそのためのようだ。

襲われた側はいわれのない被害者だった。納得できない理不尽、不条理な出来事だったはずだが、語り伝えられることはなかった。不名誉な記憶だったのだろう。

戊辰戦争をめぐって近年、印象に残るのはNHKの大河ドラマ「八重の桜」だ。同志社を創設した新島襄の妻、八重が主人公で二〇一三年に放映された。知る人も少ない新島八重をNHKは見つけ出した。

それはなぜだったのだろう。このドラマは単なる明治維新の物語ではなかった。敗北した会津、荒廃した東北が舞台だった。番組が描き出したのは、ひるむことなく戦い、廃墟から力強く立ち上がった人々の姿だった。二〇一一年の東日本大震災でうちひしがれた東北地方の人々への応援歌であるのは明白だった。

歴史とはそのままに存在するものではなく、必要に応じて見つけ出される存在であることを教えてくれる。どうしようもなく困った時に、歴史の中に救いや光を求めようとするのは、人間にとってごく自然な営みなのだろう。究極の困難である戦争の渦中で、見つけ出された歴史像も多いはずだ。

何を知っているかではなく、歴史像がどのようにして今日、私たちの目の前に存在しているのか。その来歴を問うことの大切さを考えさせられる。

六　戊辰戦争【上】　近づく江戸総攻撃（第百六話）

戊辰戦争で最大の山場となるはずだった江戸の総攻撃は慶応四年三月十五日に開始の予定だった。新暦では一八六八年四月七日に当たり、春らんまんの今の季節のことであった。

「戊辰戦争に神奈川の県域は無関係と思う人が多いかもしれませんが、西郷隆盛と勝海舟の会談で江戸城の明け渡しが決まったのは総攻撃前日の十四日。緊迫した情勢の中、新政府軍の主力部隊は臨戦態勢で東海道を進軍し、大がかりな後方支援が必要でした」

そう説明する小林紀子さんは横浜市歴史博物館の学芸員。地域の人々が戊辰戦争にどう関わり、どう見ていたのかを知りたいと文書や日記を読み続けてきた。

◇　◇

具体的な状況を追ってみよう。日付は旧暦である。

正月早々だった鳥羽伏見の戦いの後、新政府軍は東海道、東山道、北陸道の三方向から江戸へ向かった。東海道軍では先遣隊が三月一日に箱根を越え小田原に入った。十一日には薩摩藩の部隊が多摩川を渡り、十二日に薩摩の支藩の佐土原藩が神奈川台場を押さえた。十三日に岡

「大総督東下之図」(部分)。東征大総督有栖川宮の隊列が江戸へと向かう姿を描いた巻物で全長8メートル68センチ。藤沢宿の名主の息子で数え15歳だった堀内郁之助の作と伝わる＝藤沢市文書館寄託「堀内家文書」

山藩が上丸子村に、十四日には尾張藩が溝口村に入った。どちらの村も現在は川崎市で、近くに多摩川の渡船場があり、見張り場が設けられた。

江戸攻撃のために兵士に加え武器や弾薬、兵糧が東海道を運ばれた。

宿駅ごとに一定の人馬を配置し、リレーして運ぶのが江戸時代の陸運システムだった。人馬が足りないと近隣の村から徴発する〈助郷《すけごう》〉で補った。新政府軍もこの制度を用いた。

戸塚宿の助郷だった鍛冶ケ谷村（横浜市栄区）の記録は、その規模の大きさを伝える。先鋒総督の隊列は通過に三日かかり、薩摩五百三十三人、長州二百五十八人、尾張一千百四十人など十二藩が記され総計五千五百人にのぼる。「他の藩もあったが分かりかねる」との記載もあり実態はさらに大きかったようだ。

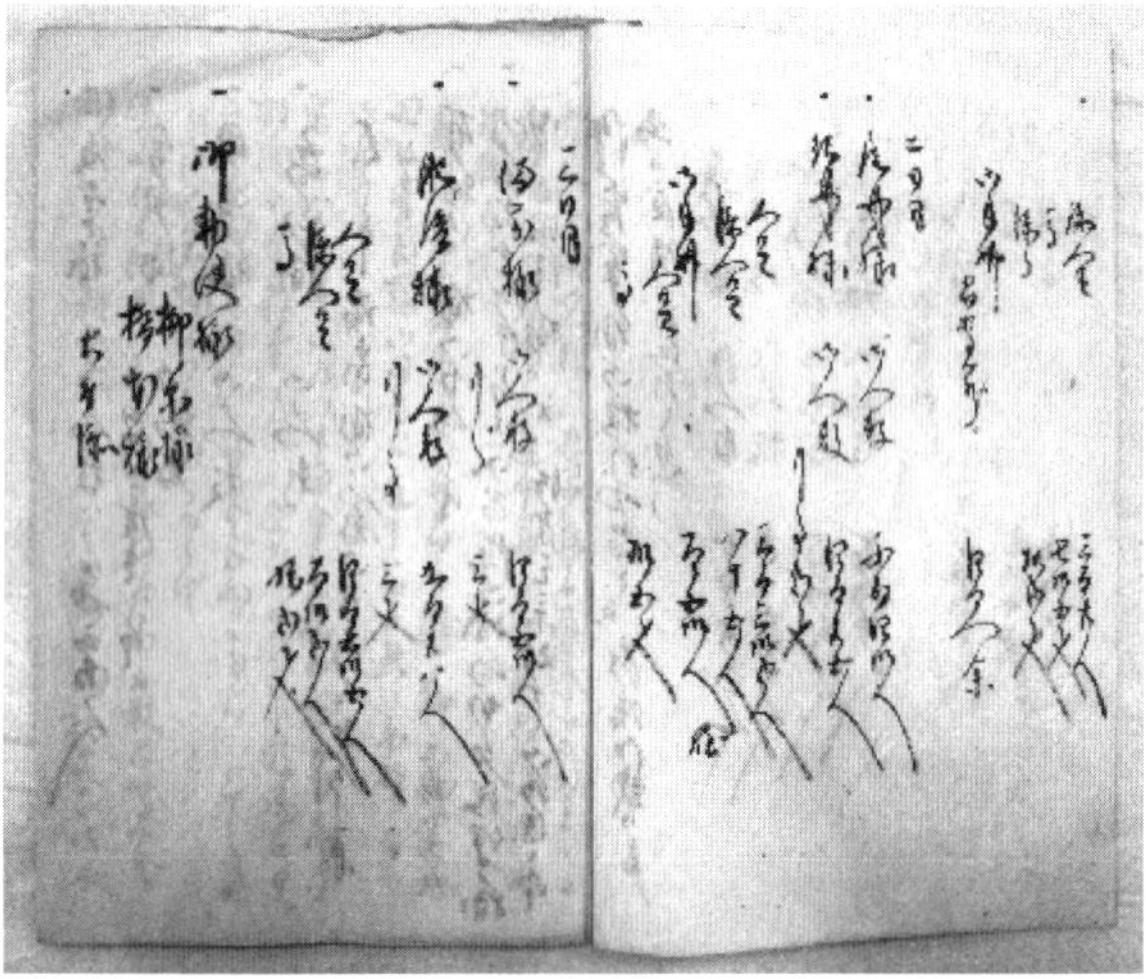

先鋒総督軍が通過した時の戸塚宿の様子を伝える鍛冶ケ谷村の記録。動員された人馬の数を記している。「二日目」に「尾州様」「紀州様」、「三日目」に「備前様」「肥後様」とあり、最後に「御勅使様」の文字が見える＝横浜市歴史博物館寄託「小岩井家文書」

この通過に動員された助郷は人足二千人に馬四百頭。宿駅ごとに同様の規模が集められたのだろう。

市場村（横浜市鶴見区）では新政府からの通達が記録されていた。こちらは川崎宿の助郷。「通行の間は十五歳から五十歳の男はよそへ出かけてはいけない」「村ごとに高百石につき金三両を差し出せ」「高百石につき三俵の白米を用意し、要求があればすぐに差し出せ」などの内容だ。

将軍家茂の上洛や長州征伐の軍勢など大規模な隊列が幕末には何度も往来していたが、新政府軍にはいくらか違いがあった。

王禅寺村（川崎市麻生区）は毎日十二人の人足を神奈川宿に差し出した。徳川将軍家ゆかりの増上寺領だった王禅寺は、それまで助郷を免除されていた。新政府軍は旧来の慣習にとらわれることはなかった。

「広い範囲の村々の人馬と資金、物資がなくては新政府軍の進軍は成り立たなかった」と小林さんは指摘する。様々な物が徴発されたようだ。池上新田（川崎市川崎区）など多摩川沿いの村は、新政府軍幹部が宿泊した池上本門寺（東京都大田区）に寝具を届けるよう命じられた。助郷の負担が過重だとして減免の嘆願書も残っている。

◇　◇

臨戦態勢だったのは東海道沿道だけではなかった。綱島村（横浜市港北区）は東海道と中原往還を結ぶ道筋に当たるが、三月半ばから半月ほどの間に村内二十二軒の家で岡山、尾張、長州などの藩士計二千百四十三人が宿泊、二千三十六人が休憩していた。見張り場を設けた多摩川の渡船場への中継地点だったようだが水や灯油、炭などは村の負担だった。

当時の雰囲気を伝えるものとして落書がいくつか記録されている。

「錦旗《きんき》勅命丸　人倫の道を失い世を乱す妙薬　価高百石に付き白米三俵　金三両人足十五人」

架空の薬にかこつけて新政府軍の徴発を揶揄《やゆ》している。さらに「今度新たに薩長土の三悪を加味し、表に攘夷の箔《はく》を懸けて、裏に奸謀《かんぼう》の毒を流し、苦々しく調合致し候ゆえ、とても永続はこれなく、当分の内御非道申し上げ候間、何卒《なにとぞ》忠勇義胆の諸君子仰合され、速やかに御誅罰《ちゅうばつ》の程《ほど》願い上げ奉り候」と続く。

新政府軍への批判的な視線を伝えている。「この地域の村の有力者は江戸の支配層と近い関係にあり、幕府寄りの人が一定数いたようです。平和のうちに江戸は開城したというイメージがあるかもしれませんが、社会も人々も大きく揺れていました」と小林さん。

体制が転換するという社会の大変動を地域の視点から振り返ると知らなかった歴史が浮かんできたが、どことなく米軍が上陸した一九四五年夏の神奈川の姿にも重なって見える。

（二〇一八年四月七日掲載）

「戊辰戦争は日本の内戦だった」と話したら、怪訝な顔をされたことがあった。内戦といってイメージするのはまず米国の南北戦争だろうか。今日ならシリアとかイラクなど中東地域での惨劇なのかもしれない。新選組に象徴される白刃の戦いはあったが、戊辰戦争はそのようなものではなかったというイメージを持つ人が多いのだろう。

自分の経験を振り返っても、それは理解できる。明治維新や戊辰戦争を舞台にした物語を子どもの時から読み続けてきた。そこに登場するのは若い英雄たちであり、その活躍する姿に胸が躍り、飽きることはなかった。

だがこの戦争に関わったのは何も英雄たちだけではない。戦闘は列島の相当に広い範囲に及び、いたる所に過酷な戦場だった痕跡が残っている。

最大の決戦場となるはずだったのは江戸であり、その時に、神奈川の県域はどのような様相だったのだろうとの素朴な好奇心が取材の出発点だった。

英雄や偉人たちの物語が繰り返し再生産されてきたのに対して、庶民の日常は記録に残りにくい。それでも、決戦へと向かう重大局面で、最前線だった神奈川の村々の姿がおぼろげにだが見えてきた。助郷に駆り出された人々の姿も見えてきたが、それこそが等身大の私たちの姿だろう。もし、戊辰戦争が今日の出来事だったら、きっとそんな立場にいるはずだ。

百五十年後に、私たちの生きる今日はどのような歴史として語られるのだろう。例えばＩＴ戦争の時代だとして、ＩＴ長者だけで時代を代表するとしたら、違和感はないだろうか。そんなことを考えた。

七　戊辰戦争【下】　抗戦へ向かう旧幕府勢力（第百七話）

慶応四年四月十一日（新暦一八六八年五月三日）に江戸城は新政府軍に明け渡されたが、旧幕府勢力が簡単に引き下がったわけではなく五月十五日に彰義隊の上野戦争に至る。現在の感覚からするとその間は一カ月ほどに見えるが、この年には旧暦ならではの閏《うるう》四月があり、五月十五日は新暦では七月四日であり、緊迫状況は二カ月にわたり続いた。

神奈川の県域はどのような様相だったのだろう。引き続き横浜市歴史博物館の小林紀子さんに聞いた。

◇　◇

「新政府軍にとっては江戸に入る前の重要拠点でした。一方、旧幕府勢力の動きが現れるのは江戸城引き渡しの後のことです」

長尾村（川崎市多摩区）で、醤油醸造業を主としていた鈴木藤助の日記をもとにたどってみよう。長尾村は幕府領で現在の生田緑地の付近である。

彰義隊関係者が初めて登場するのは閏四月二十六日で、村にやって来て資金を要求した。そ

「大総督東下之図」（部分）。錦の御旗を掲げ、有栖川宮東征大総督が藤沢に到着したのは４月12日で、江戸城が明け渡された翌日だった＝藤沢市文書館寄託「堀内家文書」

の額は六千両。村の有力者六人で相談し、計百両を出すことにして藤助は十六両を割り当てられた。とりあえず四十両を集めて二十八日に藤助の息子が江戸まで届けた。新政府軍への米の供出を理由に負担を拒否する人がいたことも記されている。

五月十日には「残金を差し出せ」と彰義隊から督促の手紙が届く。十一日にもまた督促状。十二日に村の名主が江戸まで持参したが、金額は記されていない。

「江戸城を失った旧幕府勢力にとって、江戸周辺の地域は新政府軍に対抗するための資金や物資の補給源でした」と小林さん。

旧幕府勢力は彰義隊だけではなかった。

五月一日には仁義隊からの呼び出しが届く。藤助は仁義隊に十両を出した。六日には報恩隊から米三十俵を要求される。報恩隊に藤助は結局二十五両

月岡芳年「東叡山文珠楼焼討之図」。彰義隊と新政府軍の上野での戦いを描いた浮世絵＝横浜市歴史博物館蔵

を届けた。十二日には純忠隊からの呼び出しを受けている。

その間に二日には、彰義隊士を名乗る男が現れ、家ごとに一両を要求。だが、偽の彰義隊と発覚。村人によって制裁された。

「戦闘こそありませんでしたが、村々の日常に戦争がやってきたといえるでしょう」と小林さん。民衆にとっての戊辰戦争が見えてくるが、「それが庶民全般の姿や見方だと考えるわけにはいきません」とも。

横浜や横須賀は新政府側がいち早く掌握したので、旧幕府側が活動できる範囲は限られ、地域により事情は大きく異なるという。

さらに注意が必要なのは当時の社会状況だ。
◇　　◇
一八六六年には各地で打ちこわしが発生し

た。生活に困った人たちが米穀商などを襲ったもので、背後にあったのは物価の高騰だった。幕末の社会は大きく揺らいでいた。

五九年に横浜が開港すると外国人が買う生糸や茶などの値が上がり生産が盛んになったが、一方で薪や炭は生産が減った。そこに凶作が重なった。開港後九年間で江戸の物価は米が三・七倍、油が四倍、紙が三・四倍になっている。

外国との貿易は経済構造に変動をもたらし、大きな利益を得る人が出る一方、生活に困窮する層を生み出していた。『神奈川県史』は藤沢と川崎での打ちこわしを紹介している。打ちこわしで最大だったのは埼玉の「武州世直し一揆」で、三千人が参加し、商家のほか豊かな農家が襲われ、三百軒もが被害に遭ったとされる。

六七年には「ええじゃないか」が広がる。藤沢や横浜でも神仏のお札が降り、興奮状態を呼び起こしたと伝わる。実態は不明だが、同時に広まった風説は「買い占めていた米屋が火事で焼けた」など貧困者の願いに沿ったものだった。

「藤助には安定的生活と地位があり、その立場を守る意識があったでしょう。一方で生活に困った人もいたでしょうし、社会変動を契機に立身を目指した人がいた地域もあったようです」と小林さん。立場によって、この内戦に寄せる視線は違っていた。

そうした違いをよく示すのが川崎宿と綱島村を拠点に編成された農兵隊だ。母体となったのは寄場《よせば》組合。領主による境界を越え近隣の村々を横断して幕府が結成させた組織で、幕府の治安維持や警察活動に協力し下支えする役割を担っていた。農兵隊は弾薬や訓練費用は自己負担で、豊かな農家の子弟が参加した。「武州世直し一揆」では物価騰貴の元凶だとして横浜を目指す動きもあり、その道筋に当たる地域の豊かな農民が武装した自衛組織という性格があった。

グローバル化の波により社会基盤が揺らぐ中、新政府と旧幕府という構図に加え地域社会内でも矛盾が顕在化していた。そして戊辰戦争はさらに北陸、東北、北海道へと展開する。

（二〇一八年四月十四日掲載）


明治維新の激動を、民衆はどのように生きたのだろうという関心が取材の動機だった。だが、民衆などと簡単に片付けてはいけないことにすぐに気付いた。

農兵は幕府の直轄地で始まった制度だった。京都の警護や、長州との戦争などに出動した武士に代わる兵力として発足した。だが、川崎や綱島に発足した農兵隊はいくらか性格が違うと小林紀子さんは教えてくれた。「武州世直し一揆」がきっかけとなり、自衛的な性格が強いというのだ。開国により経済構造が大きく変動し、生活に困る人がいる一方で、そうした人たちから身を守らなくてはと武器を取った人たちもいたのだ。民衆もまた分化し多様化していたのだ。対立の構図は、倒幕対佐幕といった政治レベルのものだけでなかったことに気付かされる。

進軍してきた新政府軍は、真っ先に農兵隊から鉄砲を取り上げている。一九四五年に神奈川県に上陸した米軍が、日本の警察官を見つけては武器を取り上げていたことを思い出した。日本側の記録には「米兵による強盗」として分類されているのだが、米軍にとっては武装解除の一環だったと考える方が分かりやすい。警察官と軍人の区別が難しかったのかとも思ったが、日本人に武器など持たせるわけにはいかなかったのだろう。戦争という事態に直面した人間の心理とは、そのようなものだったのではと思わせる。

ちなみに、偽の彰義隊は「制裁」されたとあるが、調べてみると、それは殺されたことを意味していた。今日ならささやかな詐欺事件かもしれないが、それが地域社会の当たり前のルールでありけじめだったのだろう。してはいけないことが、そのようにして社会に伝わったのだろうとも思わせる。

八　宗教者たちの戊辰戦争（第百十八話）

取材をするうちに、思いがけない素材と出合うことがある。「幻の画家　笠木治郎吉」の作品を求めてたどりついた京都市の星野画廊で目にした「戊辰之役之図」には心底驚いた。戊辰戦争の発端となった鳥羽伏見の戦いが始まった慶応四（一八六八）年一月三日夜の京都御所の光景を描いた絵だ。画廊主の星野桂三さんが発見し昨年秋に京都で初めて公開した。人々は躍動し、馬が疾駆している。迫真の描写が戦争勃発直後の緊迫感、高揚感を伝える。百五十年の時空を越え戊辰戦争が目の前に浮かんでくる。こんなものが眠っていたとは。作者は四国・宇和島藩出身で、明治期に長崎で活動した小波魚青《こなみぎょせい》。笠木治郎吉と同様に歴史に埋もれ忘れられた画家だという。

◇　◇

笠木治郎吉の取材でお世話になった京都大学の高木博志教授に解説してもらった。一八九〇（明治二十三）年に東京であった博覧会に出された作品だという。

「前年の明治憲法発布に伴い大赦があり、戊辰戦争で〈賊軍〉とされた会津藩などの罪が許

「戊辰之役之図」 縦81．4センチ、横143．2センチの大作。左下に文字があり、「騒場中、親しく目撃する所なり。往時を回顧し、其の真景を謹写す」と記されている＝星野画廊（京都市）提供

されたという時点で描かれたものです」

舞台は京都御所の宜《ぎ》秋《しゅう》門で、公家たちの出入りに用いられたので公家門とも呼ばれた。宇和島藩はこの門の警護を担当し、魚青は現場に居合わせた。

「幕府軍一万五千人に対し新政府軍は五千人。ところが戦意に満ちた薩摩の周到な準備で新政府軍が緒戦に勝利します。その報が伝わり、公家たちがあわてて参内する様子が描かれています。公家たちは急に態度を変え薩長にへつらうようになるのです」

歴史が転回した瞬間が描かれているようだ。その中で、ひときわ異形の集団が目を引く。頭には白いかぶり物、腰に刀を差し、手にこん棒を握っている。

「本願寺の僧侶のようです」と高木さん。宗教

手前の部分の拡大。僧侶らしい集団が描かれている。鳥羽伏見に薩長の兵が出撃し、手薄になった御所の警護に薩長と親しい関係にあった西本願寺の僧侶が出動した様子とみられる

者が最前列に位置している。

その説明を聞きながら、神奈川での研究を思い出した。戊辰戦争での宗教者の動向を追ったものだ。

まずは平塚市博物館学芸員の早田旅人さんの研究。大磯町の六所神社の神官だった出縄主水が残した日記を読み解いた。

神道には、吉田家と白川家という二つの系統があった。平塚で穀物などを扱う商人だった主水は白川家に入門し神官の免許を得た。

鳥羽伏見の戦いで勝利した新政府軍が江戸へ向かいやってくるとの情報を得て主水は動き出す。白川家配下の近隣の神官十一人で有栖川宮大総督の行列に小田原から藤沢まで参加した。その後主水は大山（伊勢原市）の御師《おし》らが組織した「神祇《じんぎ》隊」に参加。江戸城で西の丸の警備

に当たる。

ところが、そこでトラブルが起こる。論功行賞を求めた文書を主水は新政府に提出する。それが隊長に無断の行動だったため不興を買い、地元に戻っての謹慎を命じられる。

六所神社は、寺の支配下にあり、神事のある時だけ神官が登場していた。維新後の神仏分離により、寺から独立すると、三人が神官の座をめぐり争っている。主水の立場は不安定で微妙だったようだ。

主水の活動の背景に「地域の問題の解決を有利に導くとの思いがあった」と早田さんは見る。神社内での立場のほかに土地をめぐる争いもあったと指摘する。

◇　◇

「神祇隊」を結成した大山の御師については元厚木高校教諭の川島敏郎さんの研究がある。

御師は信者を訪ねお札を配ったり大山参拝の先導をしたりした。大山信仰が広まったのは御師の活動があったからだった。御師には真言、天台、山伏など多様な系譜があり、幕末には百六十五人ほどいた。

ところが大山を支配していたのは二十五人の仏教僧で、大山寺のトップの別当は幕府の推挙で任命された。

江戸後期になると、御師の間で国学の思想が台頭し神道志向が強まった。しかし白川家に入門するにも寺側の承諾が必要とされ、御師と仏教僧との間で摩擦が高まった。大火があり、その復興の資金集めのために信者のリストの提出を寺側が御師に求めたことで両者の溝はさらに広がった。

「維新に先立ち大山では神仏分離が始まっていました」と川島さんは考える。

そうした状況で戊辰戦争を迎える。御師たちが「神祇隊」を結成すると新政府軍に迎えられた。「日ごろから各地の信者を巡っていた御師は地理に詳しく、情報収集でも役に立った」と川島さんは見る。

吉田家系の神官たちも同様の動きをしていた。様々な思いと思惑を抱いて宗教者たちは戊辰戦争に参加していたようだ。たくさんの出縄主水がいたのだ。英雄たちの活躍や、「勤皇」といった言葉だけでは理解できない、明治維新の一面だったのだろうと思わせる。

（二〇一八年六月三十日掲載）

大山は神奈川を代表する信仰の山である。今日はケーブルカーを使えるが、それでも登るのは簡単ではない。そこに江戸時代、行列をなして人々が詰めかけた。そうしたキャンペーンの実働部隊が御師たちであった。

しかし、同様の活動は伊勢をはじめ他の寺社でも展開していた。ほかの神様、仏様とはどこが違うのか。それを説明するために作られたのが霊験記といったもので、いうなれば信者獲得のための効能のカタログだったともいえるだろう。

今日の大山詣で、まず目指すのは下社で、そこまで登ると視界が広がる。この山にとっての一等地だが、かつてその地には寺が鎮座していた。その寺を破却し、そこに神社を設けた。それが大山における明治維新だった。神仏分離、廃仏毀釈とはどのようなことだったのか。人間はそれほど簡単に信仰を変えたり、捨てたりできるのだろうか。そんなことが長年の疑問だったが、早田さんと川島さんの説明を聞き、視界が広がった。長年の研究の積み重ねが、新たな歴史像を提示してくれた。

そもそも明治維新で最も理解できないのは「攘夷」という概念である。幕府に抵抗する勢力が強硬に主張したが、いったん権力を握るとたちまち反故にした。「尊皇」「勤皇」も方便の色彩が濃厚であり、その背後にあった利害なり思惑なりの違いによる結集軸だったと考えればいいのだろう。

固定した身分制度を軸にした江戸時代の社会が壊れようとする時、自己の上昇や身近な問題の解決を目指し様々な人が集まった。それが戊辰戦争であり、明治維新だったのではとの思いがする。

九　維新期に登戸で誕生した丸山教（第百八話）

江戸へと向かった一八六八（慶応四＝明治元）年の新政府軍の隊列に、登戸村（川崎市多摩区）の伊藤六郎兵衛は助郷の一人として駆り出された。数え四十歳と若くはなかったためか、兵器や兵糧ではなく、幕を担いだと伝わっている。

その帰り道、政治の混乱のため不安のどん底にいる地域の人々を思い、六郎兵衛は「窮状を救う本当の神様を探さなければ」と決意した。世情不安、人心荒廃からの救済を願い修行に打ち込んだ。七〇年、病気の妻の回復を祈っていると神のお告げがあり、信仰に専念する。今日では知る人も少ないが、明治期に東日本で勢力を誇った教団のそれが始まりだった。丸山教である。

◇　◇

体制が転換し社会が大きく揺れ動いた江戸末期～明治期には、多くの宗教が誕生した。天理教、金光教、黒住教など神道系が多いのが特徴で信者を集めた。丸山教もその一つだった。

登戸の貧しい農家に生まれた六郎兵衛は、十四歳の時から隣村の農家に住み込み作男として

丸山教本部の施設図。参拝者への土産として明治 20 年代に作られたものらしい＝丸山教教務本庁蔵

働いた。勤勉さが認められ、二十四歳で伊藤家の婿となった。相当の田畑を持ち酒類の商売もする比較的豊かな家だった。懸命に働いた。富士講の一つの丸山講の信仰が日々の支えだった。そうした日常の中から丸山教は生まれた。

　一昨年亡くなった民衆思想史の第一人者、安丸良夫さんの研究によると、丸山教では富士山＝太陽神を根本神とし、この世界の万物はその分身として生まれたもので、とりわけ人間は尊く貴重な

丸山教を開いた伊藤六郎兵衛。文明開化を否定し、「生き神様」として信仰を集めた＝丸山教教務本庁蔵

存在だと考える。仏教の来世思想や呪術的な民間信仰を批判し、現実に生きる人間の平穏と幸福こそが理想郷だと説いた。

当初は弾圧を受けたが、神道の一派に属することで社会的に認知され急速に勢力を拡大。七九年に相模川の河原で式典を行うと三万八千人が集まり、八〇年には多摩川の河原に十万人が集まったと教団がまとめた教祖伝は記している。

◇　　◇

その後、教団はさらに拡大する。九二年の組織図には神奈川、静岡、長野を中心に五十を超える教会があり、信徒総数は百三十八万人とある。実態は知りようもないが、当時の日本の人口は約四千万人であり、相当な勢力だったのは確かだろう。

信徒を集めた背景には経済の混乱があった。八一年に大蔵卿になった松方正義の緊縮政策による「松方デフレ」で、米や麦の価格は数年で半値以下になった。生糸や茶の相場も暴落した。農家にとっては大打撃で、『神奈川県史』は「歳入の三分の二を失った」と窮状を記している。そこに重税がのしかかり、さらには農民の窮状を食い物にする高利貸が横行する。

八四年には農民騒擾が相次ぐ。借金の延納、利子の減免などを求め自然発生的に始まり、武相困民党という農民組織に発展する。

丸山教の信者は農村不況が深刻な地域で増えた。開港以来の経済基盤の変動にようやく対応

教祖が亡くなり30年の式典を伝える絵はがき。1923年春に登戸の本部で盛大に行われたが、その年9月の関東大震災で主要な施設は倒壊した＝丸山教教務本庁蔵

したところを襲われた大苦境だった。

八五年から丸山教は「天明海天」を唱え言葉とした。神と人間が一体となった平穏で清良な境地で、「文明開化」に正面から対立する概念だと安丸さんは分析したうえで、「激烈な近代化の渦中で没落してゆく広汎な民衆の批判と憤りと怨嗟《えんさ》を代弁している。つらぬかれているのは文明開化＝近代化過程にたいするトータルな拒絶・批判である」と指摘している。洋服・洋食・新暦はいけない、近代的な医薬は外国人にしか効かないと説いた。

熱心な信者を集めたが、その熱心さが教団にとっては逆に作用した。財産をすべて寄進するといった行為が社会的な指弾を浴びた。苦しむ民衆が願ったのは、教祖による「世直し」だったが、体制側にとっては看過できないことだった。

六郎兵衛は九四年に亡くなった。しだいに教えは穏やかになったが、丸山教教務本庁の八木正事務長は「信者にとっては魅力が薄れることだったでしょう」と考える。教勢が陰り始める。「天理教などに比べると、農民主体の集まりだった丸山教には組織化の意識が薄かったことも影響したのでは」と八木さん。現在の信者は一万人ほどだという。

小田急線・向ケ丘遊園駅近くの丸山教本部は六郎兵衛の自宅から発展した。施設を見せてもらうと、教えを示すとして置かれているのは石臼や熊手など農民の日常にあったものばかり。「天下泰平五穀成就」を理想の世界とした丸山教を「農耕労働神聖観の思想」と安丸さんは位置づけた。実践道徳の性格も強い。懸命に働けば収穫の恵みと平穏な生活に至ると信じたかった。それが民衆の多くにとっての明治維新だったのだろうと思わせる。

（二〇一八年四月二十一日掲載）

明治維新は宗教の面でも大きな画期だった。社会基盤が揺れる時に、人は何かすがるものが欲しいのだろう。多くの教団が生まれたが、ほとんどが神道系に分類される。江戸時代、仏教は支配の装置として体制に組み込まれていた。そうした権威から解き放たれる時に、人々は異なる価値の体系を求めたのだろう。第二次大戦の前後にも、新たな宗教のラッシュを迎えるが、そこでは創価学会や立正佼成会など仏教系が中心だったのとは好対照だ。

丸山教は若い時に、安丸良夫さんの本を読んで知っていた。安丸さんにとっては大本教が大きな関心の中心のようで、丸山教についての記述は少なかった。それでも記憶に残ったのは、あまりに忘れられた存在だったからだ。高橋和巳の『邪宗門』のモデルとなったように大本教には大きな存在感があり、芹沢光治良の作品では天理教が大きなテーマだった。ところが丸山教にそうした作品は見当たらない。それはなぜだったのかは私の中の謎だった。

その疑問に迫れたとは思わないが、見えてきたことはあった。丸山教は途中で変わっていた。〈世直し〉を求める主張は影を潜め、自らを高めることで幸福を目指すようになった。社会変革ではなく、実践倫理運動への転換ともいえる。

新しい宗教に頼ろうとした人の多かったことには驚いた。そして、人々の願いのささやかなことにも驚いた。人とはそのようなものなのだろう。

安丸さんは交通事故で突然、世を去った。日本人の心の仕来りを歴史的に解明しようとした思想史の大家だった。もっと教えてほしかったとの思いが募る。

第三章　対米戦争へと向かう道

日本のかかわった戦争というと一九四一年十二月の真珠湾攻撃に始まる対米戦争を思い浮かべる人が多いだろう。三百万人以上の日本人の生命が失われ、アジア太平洋地域に甚大な惨禍をもたらした戦争だった。

そのような無謀な戦争を日本はなぜしたのだろう。

そんなことが疑問となり、長年取材を続けてきた。その視点で足元の歴史を探ってみると、考える手がかりとなる多くの事実や記憶が眠っていることに気づく。

一九三一年の満州事変以来の歩みを、身近な歴史の中にたどってみよう。

目指したのは、新たな視点である。何を知っているかを問うのではなく、知っていると思っていた歴史がどのように描き出され、私たちの目の前に存在しているのかを考えてみたい。当たり前だと思っていた歴史像の来歴を問い直し、なぜ戦争をしたのかを異なる視点からもう一度見つめ直してみたい。

一　全権松岡洋右の帰国（第六十五話）

一九三三（昭和八）年四月二十七日、横浜の港は人波で埋まっていた。正午のサイレンが鳴るころ、日本郵船の浅間丸が姿を現した。政府や軍の高官、知事、市長らの乗った歓迎の小型艇が何隻も付き従っていた。

朝日新聞はその模様を一面トップで報じている。

「船体が岸壁に横づけとなるや万歳の歓呼の声が怒濤のようにわき上がった。力強い上陸第一歩を印する瞬間、歓呼は爆発して一種壮烈なシーンを展開した」

数万と伝わる大群衆が待ち構えたのは松岡洋右。首席全権として派遣されたスイス・ジュネーブの国際連盟からの帰国だった。

「正義日本のために雄々しく戦った自主外交の勇将松岡帝国代表が元気で帰国して来たのだ」。記事には高揚感が漂う。

金メダル七個を獲得した前年のロサンゼルス五輪の選手団帰国と同等の警備態勢が港一帯には敷かれた。

横浜港に帰国し、船上から歓呼にこたえる松岡洋右（手前）。新聞には「鳩便」とあるので、伝書バトでフィルムを運ぶ速報態勢がとられたようだ。1933年4月27日

それほどの歓迎を受けた松岡は何をしたのだろう。

◇　◇

国際連盟では日中紛争が懸案だった。三一年九月に満州事変が勃発。日本が権益を持つ南満州鉄道が爆破されたのを発端に、日本軍は満州を制圧。三二年三月には満州国が建国を宣言した。

「日本の軍事行動は不法な侵略行為だ」と中国が提訴したのを受け、国際連盟はリットン調査団を派遣。その報告書の審議が本格化する三二年十一月、松岡がジュネーブに到着した。

山口県出身の松岡は若くして米国に渡り、苦学して外交官になった。その後は衆議院議員に転じたが、弁舌と英語力に優れているとして首席全権に選ばれた。着任すると「松岡全権熱弁を揮《ふる》う」との記事が新聞にさっそく登場している。

「全権は原稿なしに、痛烈なる反駁《はんばく》演説を始め、長広舌でまくし立て、聴衆をして傾聴させた」

調査団の報告書は、「満州事変は自衛行動で、満州国は現地中国人の意思による建国」とする日本の主張を認めなかったが、「事変以前の状態に戻せ」という中国の要求も退けた。決して損な妥協案ではなかったが、日本は強硬だった。

東京朝日新聞 號外

小國決議案に對し 斷乎・處理を迫る
聯盟總會第三日の席上 松岡代表の重大聲明

處理を誤まらば 重大なる結果誘致
わが緊急發言の要旨

和協會議前に 日本は撤兵せよ
郭泰祺氏の演説

偏した非難は 和協事業の鬼門

「陰謀の府聯盟」
午後の總會で 松岡代表痛論

東亞平和の破壞に 日本は隻手抗爭す
松岡代表熱火の演説

国際連盟の様子を報じる1932年12月の朝日新聞号外。「重大声明」「痛論」「熱火の演説」と松岡の活動を伝えている

松岡を有名にしたのは十二月の演説だった。

「連盟は日本に対し重大な誤謬《ごびゅう》を冒し、日本の正義の声を聞こうとしない。今まで隠忍してきたが、もう辛抱ができない。二千年前にはナザレのイエスが世界の世論によって十字架にかけられた。もし今日、日本が十字架にかけられるとしても、世界の世論はやがてわれわれに与《くみ》するに至るであろう」

原稿なしで一時間二十分に及ぶ演説だった。

三三年二月、国際連盟は報告書への同意を確認。賛成四十二票。反対は一票、日本だけだった。

◇　◇

日本は国際連盟を脱退。孤立の道を歩み始める。総会から退席する様子を米国のタイム誌は「のけ者松岡に話しかける者はいなかった」と報じた。

だが、国内での受け止めは違っていた。

「日本の立場、国民のいはんと欲するところを極めて率直にいひ尽くして遺憾なきものがあった。虚偽と追随とを事とした無気力外交の型を破って国民のために気を吐いた」と朝日新聞は評している。

「日本は正しい」と信じる国民のいら立つ思いを松岡は晴らした。その結果が横浜港での大歓迎だった。松岡は英雄となり、その後の政界で重きをなす。

鉄道爆破は関東軍の謀略で満州国は日本の傀儡――そうした事実を隠した日本の言動をたどるうち昨今話題の言葉が思い浮かんだ。

〈ポスト真実《トゥルース》〉

オックスフォード英語辞書は「客観的事実より感情的訴えかけ方が世論形成に大きく影響す

る状況」と説明する。何も違わない。

松岡が帰国した日に、東京の靖国神社では、満州事変のための臨時大祭が行われていた。合祀《ごうし》された戦死者は一千七百人余。足かけ十五年に及ぶことになる一連の戦争で繰り返される臨時大祭のはしりで、その後は人数が桁違いになる。それが結末だった。

八十四年前の横浜港の姿は、〈ポスト真実〉が民衆の熱気によって支えられるものであることを物語る。

その日の横浜は快晴だった。朝日新聞は「日本晴れに輝く」「松岡日和」と報じている。窓を開けて見上げてみよう。そこには、その日と同じ四月の空が広がっている。


（二〇一七年四月二十九日掲載）


満州事変は日本陸軍の陰謀だった。敗戦後の東京裁判によって、その事実を日本人は初めて知ったとされてきた。だが、国際連盟で日本に同調する国が一つもなかったのはなぜだったのか。よその国は知っていた、あるいは疑問に思っていたのに、日本人だけは違うと思っていたなどという論理はなぜ通用するのだろうか。

満州事変には、それ以前の対外戦争とは大きく異なる側面があった。普通選挙が実施されてから初めての戦争だった。男性だけという制約はあったが、国民には幅広く選挙権が与えられた。大正デモクラシーの成果だった。

政治家は有権者を意識するようになった。松岡はそうした時代の政治家だった。雄弁家として知られ、演説集が出版され人気を博した。今日の言葉でいえばポピュリストといえるだろう。

松岡が浴びた喝采とは何だったのか。それを考えなくては、その後の日本の歩みは理解できない。日本は正しいのに、世界の国々は分かってくれない。だから孤立しても構わない。それは論理ではなく感情でしかない。本当に正しいとどれほどの人が思っていたのだろうか。おかしいと感じた人は相当にいたはずだ。

たいがいのものは後になってからでも間に合うが、戦争が始まるまでに必ず調達しておかなければいけないことがあるとされる。〈大義名分〉である。なぜ戦争をするのか、その理由であり、正義が自分たちの側にあるとの思いの共有である。〈聖戦〉という名の戦争へと日本は向かうことになる。横浜港を埋めた人波と熱気、それこそがその最初の光景であったことを忘れてはいけないだろう。

二　相次いだ人権蹂躙事件【上】（第百十二話）

「横浜事件」といえば一九四二～四五年に出版・新聞の関係者ら約六十人が「共産主義を宣伝した」などとして神奈川県警察部特別高等課に治安維持法違反容疑で逮捕された事件である。四人が獄死し、戦時下最大の思想弾圧として知られる。

だがそれ以前にも「横浜事件」と呼ばれた事件のあったことは知らなかった。どんな事件なのか。

◇　◇

川崎市を皮切りに三四年に始まった贈収賄事件で、横浜市に飛び火し拡大した。「捜査の続行されること一年有半、被疑者として身柄拘束された者百四十八人を数え、百四十人が公判に移された」と『県警察史』（七二年に県警が刊行）にはある。

「横浜事件」として知られたのは大規模な汚職事件だったからではなかった。「取り調べにあたって人権蹂躙《じゅうりん》の疑いがあったとして世の批判を受けた」からだった。獄中で一人、保釈後に二人が自殺した。

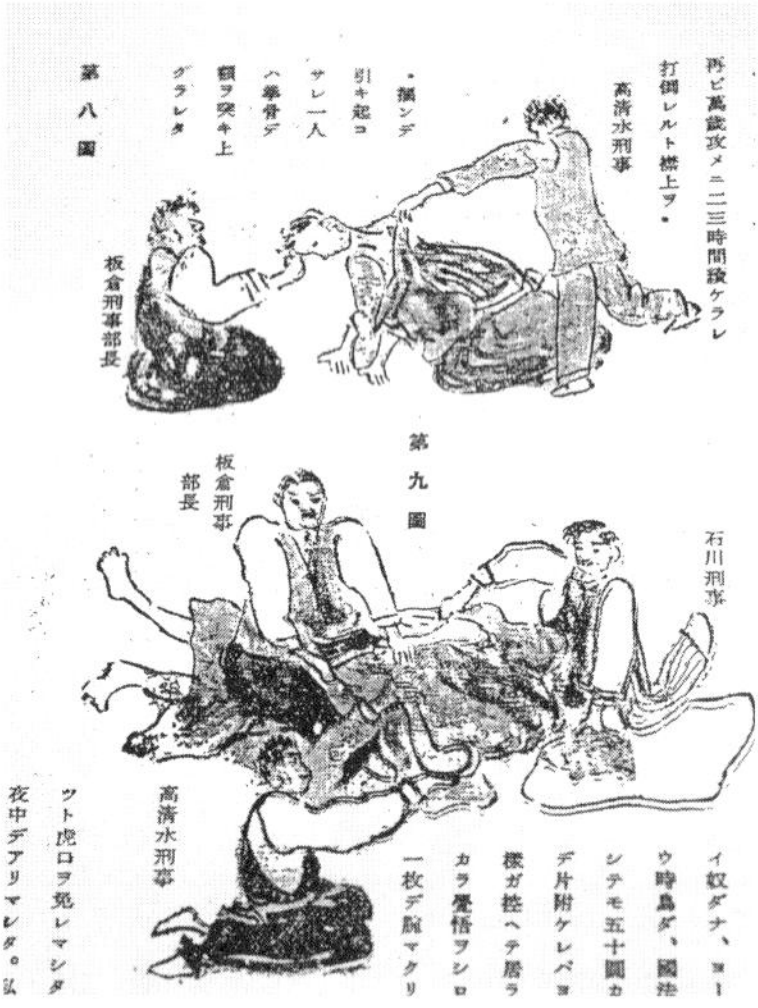

『法曹公論』に掲載された藤沢署での拷問の様子。被害者が描いたもので、何人もの刑事が力ずくで自白を強要し、拷問は過酷で容赦ないものだったことを伝えている

裁判では百九十四人という大弁護団が結成された。判決は有罪十五人に対し無罪が百二十人。「狂える如き摘発によって無より有が生まれ、呪われた多数のいきにえが血みどろに弄《もてあそ》ばれ」との識者のコメントを『県警察史』は紹介している。

拷問による自白によって作り上げられたという点で二つの「横浜事件」は通底する。そういう視点で見渡すと、同様の冤罪が県内ではいくつも見つかる。

「人権蹂躙事件」と当時は呼ばれ、その中でも二・二六事件の直前、三六年二月二十日に投票された総選挙の選挙違反は最も社会の耳目を集めた事件だった。

寒川村が舞台の中心で、『県警察史』によると、藤沢署に届いた村民の手紙を端緒に十人余を引致。その自供をもとに事件は拡大し百十数人を調べ、多くを起訴したが、有罪の判決を受けたのは数人だった。「拷問で無実の罪の自白を強いられた」として警察官四人が有罪になっている。

警察は何をしたのか。

三七年八月の衆議院本会議で、民政党の現地調査の結果が報告されている。様々な拷問が行われ二人が獄死したとして、椅子責め▽たばこ責め▽火あぶりの刑▽エビ責めの刑――などを紹介し「長い間留置し、あらゆる拷問をした」と指摘している。日本弁護士協会も調査団を寒川に派遣した。その報告が機関誌『法曹公論』の三七年新年号に載っている。

「鬼畜にも等しき拷問をした詳細の様子」を聞き取ったといい、「拷問の実情は調べれば調べるほど苛酷を極め今更ながら一驚を喫した」とある。取り調べの様子を被害者が描いたイラストも載っている。

県議会でも盛んに取り上げられ、くすぐり責め▽鉛筆責め▽すのこ責め▽殴り責め▽いぶし責め▽天秤責めなどの文字が並ぶ。

プロレタリア作家の小林多喜二が東京の警察で殺害されたのは三三年だった。そうした知識から、思想犯の取り調べと称して拷問が行われたことは何となく知っていたつもりだったが、対象は思想犯だけではなかったことを示している。

神奈川版

縣會 返り初日

劈頭、磯崎（民政）縣議が

人權蹂躪の火蓋

傍聽席は超滿員

具體事項擧げ肉薄

県議会でも人権蹂躙は大きな問題だった。議事録には「拷問は寒川だけではない」との発言がみえる。1936 年 12 月 1 日の朝日新聞神奈川版

戦時中の横浜事件が突然起こった事件ではなかったことも見えてくる。

◇　◇

横浜弁護士会が百二十五周年を迎えた二〇〇六年に、間部俊明弁護士は記念誌を作るため人権蹂躙事件の資料を集めた。「そうした事件を知る人は周囲に見当たらなかった」と振り返る。多くの事件の中で多喜二や横浜事件が特別な存在として記憶されたのだろう。

衆議院の速記録では「以前はこのような人権蹂躙は一つもなかった」との発言が目に付いた。三五年前後を契機に、社会問題として顕在化していたようだ。

三六年十二月十九日、県議会はこの問題について決議を全会一致で可決した。

「警察官吏人権蹂躙ニ関スル問題ハ一大不祥事。

甚ダ遺憾。斯カル不法行為ノ絶無ナラシムコトヲ望ム」

だが翌三七年、さらに深刻な事件が発生する。

「松田の連続放火」だ。

五月七日の朝日新聞は「犯罪史に空前の保険魔大集団」として伝えている。松田町を中心にした三町六村にわたる二十八件の火災が、保険金目的の事件だったと判明し、松田の町長や消防団幹部らを含む百八十二人の放火団を摘発し起訴したと報じる。「町長陣頭に放火結社」の見出しが躍る。

だが七月三日の紙面には「崩れゆく集団放火事件」の記事が見える。「架空の犯罪」だとして免訴となる被告が相次ぎ検察が窮地に立っているとの内容だ。

結局、有罪となったのは二人だけ。残りは全員が無罪となった。

なぜ、そのような事件が相次いだのか。その時代と社会の背景を次回でたどることにする。

（二〇一八年五月十九日掲載）

昭和戦前期の思想弾圧は様々に語られてきた。作家小林多喜二の虐殺はよく知られる。場所は東京の築地警察であった。ほかにも経済学者の野呂栄太郎、哲学者の三木清ら獄中で死に追い込まれた知識人は数多い。

そうした拷問＝強権的な公権力の行使は思想弾圧だけでなく広く行われていたことを、この取材を通して知った。しかし考えてみると、それは当然のことなのだろうと思えてくる。「権力＝正義」という論理なのだから、権力に歯向かう者など押しつぶしてしまえばいいだけのことだったのだろう。

だがそうした大がかりな冤罪事件は、社会からはきれいに忘れられている。伝えようとしなければ歴史は忘れられてしまうものであることをよく教えてくれる。

この原稿を書きながら、十年ほど前に手がけた取材を思い出した。満州国であった治安維持法違反事件の記録が見つかり、研究会を組織し解読を進めた結果、憲兵によるでっち上げの事件だったことが明確になったのだ。横浜事件は「戦時中最大の思想弾圧事件」と呼ばれるが、満州での事件の方が規模は大きかった。満州でも同じ法律が施行され、より過酷に運用されていた。しかし、記録はなく、語る者もなく、まったく忘れ去られていたことを知った。たまたま記録が見つかり明るみに出たが、どれほどの事件が眠っているのだろうと思うしかなかった。見つかった記録の中には中国語の会話集もあった。憲兵の業務に必要な中国語を記したものだが、自白を求める残酷な言葉が並んでいたことが強く記憶に残っている。

三　相次いだ人権蹂躙事件【下】（第百十二話）

一九三五年前後から県内で社会問題となった「人権蹂躙事件」は、拷問により自白を強要しでっち上げた冤罪事件だった。

無理な捜査はなぜ行われたのだろう。

衆議院の速記録をたどると、県警察部の部長らを批判する発言が見つかった。だが、一つや二つの事件ではない。個人的な問題とは思えない。県議会の記録は、機密費から褒賞が与えられていたことを伝えているが、警察官の功名心だけでは理解できない。

すると『県警察史』に県警察部刑事課次席だった警察官の回顧談が見つかった。

取り調べはすべて検事の指揮により行ったもので、「こうして調べよ」と命令されると、そうしなければならなかったと説明。そのうえで「汚名をきた警察官のために明らかにしたい」として検事の指導を具体的に列挙している。「証拠調べはしなくていい。自白させればいい」「多少の無理はあってもよいから、自白させろ」「確信をもって自白させてくれ。自白は確信の反映だ」といったもの。

自白第一主義の考え方が支配的で官尊民卑の風潮があった——と『県警察史』は指摘している。

◇　◇

検事はなぜそうした指示をしたのか。そこがなかなか見えてこない。天皇機関説事件が三五年に持ち上がるなど思想統制が強化された時期だが、警察や検察の歴史に詳しい研究者に尋ねても、直接の原因、あるいはなぜ神奈川で多かったのかは思いつかないという。そればかりか「拷問や自白の強要は明治時代からあった」と指摘された。

そうして検討すると、どの段階で拷問が増えたのかは不明確で、確かなのは「三五年ごろから社会問題になった」という事実であることに気付く。

その視点で振り返ると、画期が浮かぶ。陪審制の導入だ。二八年に始まった。

市民から選ばれた陪審員が裁判で有罪か無罪かを判断するのが陪審制。死刑か無期の懲役・禁錮に処せられる可能性がある事件は原則として陪審で、それ以外でも被告人が希望すると陪審にできる制度だった。一方で辞退もできた。

横浜弁護士会は二〇〇六年に刊行した百二十五周年記念誌に、戦前の陪審制のまとめを載せている。それはいくらか驚きだ。

二八年～四〇年の間に陪審制で行われた刑事事件を調べた結果、横浜地裁では被告人の三四・三%が無罪になっていた。東京地裁では一七・二%、全国平均は一八・八%なので高率にも見えるが、仙台地裁は六四・七%であり、決して突出した数字ではないことが分かる。「自白をもとに起訴しても陪審で無罪になった。その結果、警察や検察が批判を浴び社会問題となった」と調査をした間部俊明弁護士は考える。

陪審制の導入は大正デモクラシーの成果だった。平民宰相として知られた原敬が熱心だった。明治天皇の暗殺を企てたとされた大逆事件（一九一〇年）が契機とされる。一人の証人も出廷しないまま判決が言い渡され、十二人が処刑された。裁判のあり方に原は危機感を覚えたようだ。検察が政治的に力を持つことへの牽制との指摘もある。

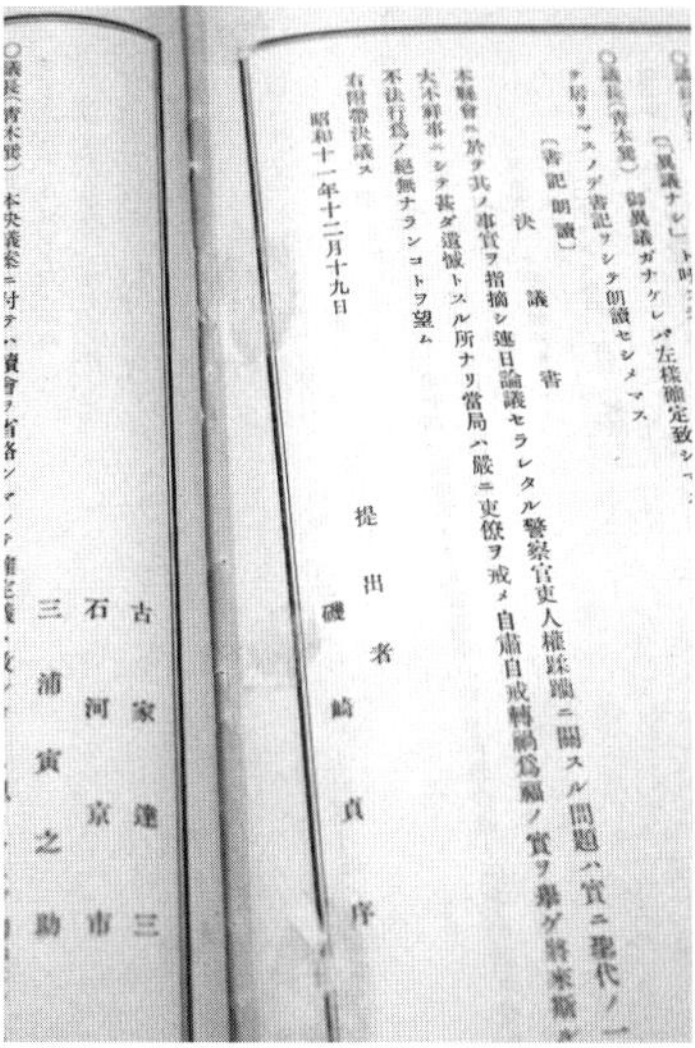

決　議　書

本縣會ニ於テ其ノ事實ヲ指摘シ連日論議セラレタル警察官吏人權蹂躙ニ關スル問題ハ實ニ聖代ノ一大不祥事ニシテ甚ダ遺憾トスル所ナリ當局ハ厳ニ吏僚ヲ戒メ自肅自戒轉禍爲福ノ實ヲ擧ゲ

不法行爲ノ絶無ナランコトヲ望ム

右附帶決議ス

昭和十一年十二月十九日

提出者　磯崎貞序

古家達三

石河京市

三浦寅之助

1936年の県議会の決議。「人権蹂躙ハ一大不祥事。不法行為ノ絶無ナランコトヲ望ム」と全会一致で可決した。拷問は社会的に容認されるものでなかったことを物語る＝県立公文書館蔵の県議会議事録

普通選挙の実現に比べると知られないが、陪審制は大正デモクラシーが生み出した。そして市民の感覚が裁判で機能したことを示すのが「人権蹂躙事

犯罪史に空前の保険魔大集團
神奈川縣下で百八十二名を檢擧
不況から戰慄の謀議
町長陣頭に放火結社
消防參畫し密計數年
東京で陪審裁判?
神奈川版
崩れゆく集團放火事件
豫審免訴續出に
窮地に立つ濱檢事局
問題化した警官の人權蹂躙

松田の連続放火を伝える1937年5月の朝日新聞。「空前の保険魔大集団」の下に、「東京で陪審裁判?」の見出しが見える。被告が多く横浜での陪審は不可能との内容。右は7月の新聞で「免訴続出」「窮地に立つ浜検事局」と報じている

件」だったのだろう。県警察部長は三七年の県議会で「拷問神奈川の汚名を返上し、県民に信頼される警察の建設」をすると答弁している。

◇　◇

だが、陪審制はうまく機能しなかった。松田の連続放火では百八十二人と被告が多いことを理由に陪審は実施されなかった。次第に陪審を辞退する事件が多くなった。戦争へと向かう体制にとっては不都合な制度だったようだ。

そして四三年に陪審制は「停止」する。労力や費用を戦争に結集するためで、「戦争が終われば復活させる」との方針が新聞には載っている。それと相前後して思想弾圧の横浜事件は始まっていた。

陪審制は明治初期から導入が検討された。西南戦争では、戦争の原因を明らかにするために陪審裁判をするべきだと福沢諭吉は主張している。明治憲法の制定時にも検討されたが、不平等条約の改正のためには強力な政府の確立が優先だとして見送られていた。

昭和戦前期の歴史は、米国との戦争へと向かう一直線の道のようにイメージされがちだが、大きな分岐点がここにもあったことが見えてくる。さらに明治にまで視野を広げると、国の形として「異なる選択肢」があったことが見えてくる。

陪審制の停止から六十六年の時を経て二〇〇九年に裁判員裁判が始まった。それを社会にどう生かしていくかは、繰り延べられた歴史の宿題を解く作業ともいえそうだ。

（二〇一八年五月二十六日掲載）

今日の日本においては、検察によって起訴されると九九・九％は有罪になっている。当たり前だと思っているその光景は、決して当たり前ではないのかもしれない。そんな思いがしてくる。

「司法制度とは政治そのものである」。あまり考えたことはなかったが、それは近代の市民社会における常識のようである。

より身近に交通違反を例に考えてみよう。捕まるととても腹の立つ一時停止違反。たいがいは、どう考えても危険だとは思えないような場所で、隠れていた警察官によって違反者は作り出されているイメージが強い。そうした違反を巡って、陪審裁判で争ったら、どんな結論が出るだろう。少なくても、現状のような取り締まりを続けることは不可能になるだろう。それは市民の常識や生活感覚からして、必要だとは思えないし、交通事故を抑止しているなどと主張されても、もっと効果的なことにその労力を振り向けたらと思うのが普通だろう。警察官と争っても仕方ないし、さしたる金額でもないし、との思いがそれ以上の諍いとなることを抑止しているというのが実情だろう。

陪審制の導入は明治の早い段階から課題だったことを知った。原敬にしても、その時期に、フランス法を学んでいる。制度がなぜ採用されなかったのかを振り返ると、日本の国の形が見えてくる。そんなことを知ると、九九・九%の有罪率が日本の治安の良さのあらわれだなどと喜んでばかりはいられない。

四　一九三九年の反英運動（第七十七話）

一九三九年の夏、日本の世論は外交をめぐり大きな盛り上がりを見せていた。七月九日の神戸での十万人を皮切りに全国で市民大会が相次いだ。東京では二度にわたり八万人と十万人が集まっている。

対象は英国だった。

県内では七月の十六日に横須賀で、十八日には平塚で市民大会が開催された。

横浜では二十四日に横浜港の山下公園で開かれた。県議・市議らが中心になり結成した反英市民同盟の主催。全市議、市役所の全職員、在郷軍人会、愛国婦人会など「炎熱を冒して集うもの無慮五万」と朝日新聞神奈川版は報じている。「〈打倒英国〉など数百の幟《のぼり》や横旗が会場を埋め、〈反英市民大会〉のアドバルーンが碧空《へきくう》にゆらぐ」とある。

八月十六日には第二次大会が横浜公園の野球場であった。横浜貿易新報は「市民代表無慮七万」が集まったと記し、「英国と即時開戦の幟の如くその気勢は興奮の坩堝《るつぼ》と化し」「全市ただ〈反英の二字〉に尽きる観」と伝えている。

興亞の仇を撃て！
きのふ 第二次反英大會

横浜公園であった第二次市民大会を伝える朝日新聞神奈川版。市長が陣頭に立ち、夜間の開催で「愛国の灯が会場にあふれた」と写真説明にはある

「無慮＝ざっと」とあるが、当時の横浜の人口は約八十六万人だった。〈話半分〉にしても相当な規模だ。なぜ、それほど英国に憎しみを募らせたのだろう。

◇　◇

直接のきっかけは中国の天津で四月にあった暗殺事件だった。殺されたのは親日派の中国人で、犯人は治外法権だった英国租界に逃げ込んだ。日本は犯人の引き渡しを求めたが、英国は拒否。すると日本軍は六月に租界を封鎖した。

その紛争をめぐる日英間の外交交渉が七月に東京で始まると、〈反英〉や〈排英〉〈撃英〉を掲げた市民集会が連続したのだった。

背後には三七年七月の盧溝橋事件を発端に始まった中国との戦争があった。横暴な中国をこらしめるとして踏み出した戦争だったが、中国の抵抗は頑強だった。上海では三カ月に及ぶ激

二次にわたる市民大会の後、デモ隊は英国領事館を取り囲んだ。現在の横浜開港資料館で、旗やちょうちんを投げ込み、街路樹には「英国を死刑にせよ」とのビラがつり下げられたと新聞は報じている。横浜市中区

戦となり、日本の戦死者は九千百十五人を数えた。

上海、さらには首都・南京を攻め落としても、中国は内陸に政府機能を移し抗戦をやめなかった。

日本の戦死者は三七年が一万二千人、三八年は四万九千人と積み重なった。戦争は泥沼状態に陥っていた。

苦戦の原因として、しだいに中国を支援する国が注目されるようになった。

英国とソ連だった。

ソ連とは三九年五月からモンゴルのノモンハンで衝突し、日英交渉の七月段階では激戦が続いていた。この戦いも加わり、三九年の戦死者は四万二千人に上る。

反英運動と同時に進められたのが陸軍主導に

よるドイツとの同盟工作だった。ドイツは欧州で英国と敵対していたが、陸軍をドイツに接近させた事情はほかにもあった。中国軍におけるドイツ人軍事顧問団の存在だった。日本軍を苦しめた戦術や武器調達の背後に濃厚だったドイツの影を取り払いたかった。

だが、ナチス・ドイツとの提携には反対の声も強かった。そうした国内の英米協調派を押さえ込む狙いも反英運動にはあった。

◇　◇

言論や思想の自由がなかった当時、市民大会を可能にしたのは内務省の方針転換だった。反英運動に限って集会の規制を大幅に緩和した。陸軍の意向を受けたものと研究者は指摘する。

大いに盛り上がった反英運動は突然、収束する。八月二十三日に独ソ不可侵条約が調印されたのだ。仲間と信じたドイツが、最大の敵ソ連と手を結んでしまった。そして九月一日、ドイツがポーランドに攻め込み、第二次世界大戦が始まった。

その後の米国との戦争の犠牲があまりに大きかったためか、さして注目されないが日中戦争期の戦死者は十六万人に上る。山下公園での大会には「幾万英霊を徒死させるな」のスローガンがあったと新聞は伝える。横浜公園で採択した宣言には「正義日本不動の要求」の文字が見える。

〈反英〉は以前から右翼団体の主張だった。日本の武力行使を〈侵略的帝国主義である英国・

ソ連から中国を解放する聖戦〉と位置づけていた。盧溝橋事件から二年、積み重なる犠牲に〈日本は正しい〉との思いが重なり、そうした考えが社会に広く受容され、浸透したことを相次ぐ市民大会は物語っているのだろう。

中国との戦争はさらに続く。そして英国を支援する存在として米国が浮上してくる。日本に破滅をもたらした米国との戦争は急に始まったものではない。そこにはプロセスがあった。何よりも人々の意識が徐々に変わっていったことを忘れてはいけないだろう。

（二〇一七年八月十三日掲載）

「英国王のスピーチ」という映画を覚えておいでだろうか。二〇一〇年の作品でアカデミー賞の作品賞も受けた。人前で話すのが苦手な王様ジョージ六世、つまりエリザベス女王のお父様が主人公で、地道な努力を重ね、ついに国民へ向けてのラジオ放送を成し遂げるという物語である。

そのラジオ放送は一九三九年九月三日に行われた。その二日前にナチス・ドイツがポーランドに侵攻したのに対して、決然と宣戦を布告するものであった。

横浜をはじめ各地で大がかりな反英運動が繰り広げられていたのは、その直前のことであり、「英国と即刻、戦争をするべきだ」と多くの日本人が募らせた憎しみの先にいたのは、マイクの前で国民に語りかけるこの英国王だったのだ。

背景にあったのは中国での泥沼の戦争だった。〈暴支膺懲《ようちよう》〉、つまり日本のいうことに従わない横暴な中国を懲らしめるとして始めた戦いだった。簡単に打ち負かすことができるとの思惑とは裏腹に犠牲が積み重った。打開策として陸軍が打ち出したのが、ナチス・ドイツとの提携だった。国際連盟を脱退し世界的に孤立した日本を助けて、中国との間を仲介しようという国はなかった。中国の頑強な抵抗を指導していたのはドイツの軍事顧問団で、それもどうにかしなくてはいけなかった。

当時の新聞が伝えるのは「日本は正しい」との思いである。戦争の初期段階なので兵の中心は若者であった。その若者が次々と死んでいった。「正しい死」「正義のための犠牲」だと思う以外に遺族に慰めはなかっただろう。

背景にある歴史にまで目を配ると、映画の楽しみ方も変わってくる。

五　関東学院の〈殉教者〉コベル夫妻（第三十四話）

ジェームズ・コベルは米国のプロテスタント教会の宣教師として二十四歳だった一九二〇年夏、日本にやってきた。同じ宣教師で一つ年上のシャーマと二年後に結婚。夫は横浜の関東学院で、妻は横浜の捜真女学校で教壇に立った。だが夫妻は三九年に日本を追われ、移ったフィリピンで四三年に日本軍に捕らわれ殺害された。

関東学院が〈殉教者〉と位置づけるコベル夫妻。なぜ日本を追われたのか。その経緯が、新たな資料の研究で浮かび上がってきた。

◇　◇

関東学院大学元教授の大島良雄さんによると、コベルは関東学院で英語を教えた。関東大震災で大きな被害を受けると、財務担当理事として校舎再建の資金集めの中心となった。

問題視されたのはそうした〈公的〉活動ではない。

軍事教練のため二五年に将校が配属された。査閲に師団長が来校すると黒ネクタイで出迎えた。「日本のために、学校のために、悲しい時として弔意を示した」

コベル夫妻と子どもたち。日本で最後となった1938年のクリスマスのために横浜の自宅前で撮影した。子どもたちは米国に帰り無事で、長女は日本人収容所で活動した＝関東学院学院史資料室提供

学校の廊下に「戦争放棄条約」を掲げ、信仰には社会貢献が大切だと考え横浜市内で貧困者のためのセツルメント運動も始めた。

「そうした考えや活動が日本政府への批判だと見なされた」と大島さんは考えてきたが、具体的経緯は不明だった。

その空白を埋める資料が登場した。関東学院の学院長だった坂田祐（一八七八～一九六九）の日記で、解読した研究会の帆苅猛・彰栄保育福祉専門学校長によると、コベルの追放が最初に登場するのは三八年暮れ。「外事課との交渉でコベル君を帰国させろと求められた。具体的処置は学院に任せるとのこと」とある。外事課は県警察部の組織だ。

年が明け三九年一月六日に坂田は外事課を訪問。〈コベル氏は共産主義シンパ〉だとして〈教壇に立たせない〉よう要求される。

コベルは米国領事館を通じ外事課に見解を求めた。すると〈教えることは差し支えなし〉との回答。その手紙を持って坂田が十二日に外事課を訪ねると、〈やめさせろと強要しているのではない。好意的に注意を与えている〉と言われた。じわじわと包囲網が狭まる様子が記録されていた。そして六月にコベルはついに横浜港から日本を去る。

◇　◇

公安当局の意向に学校が従ったのはなぜなのか。

「軍事教練が大きな意味を持っていた」と大島さんは指摘する。

もともと軍事教練は軍縮の中で始まった。第一次大戦後の世界的軍縮の流れや苦しい財政事情から、陸軍は四つの師団を廃止。削減した兵力を補い、同時にポストを失った将校の失業対策として導入した制度だった。教練を受けると兵役期間短縮などの特典があり、教練がないと学生が集まらなくなった。意向にそわない学校には配属将校

日記を残した坂田祐。軍人の出身だが、内村鑑三に学び、教育者になった＝関東学院学院史資料室提供

THE NEW YORK SUN, WEDNESDAY, JUNE 6, 1945.

Filipino Tells How His Teacher Was Beheaded

She Was First of 16 Americans Executed by Japs at Baptist Mission on Panay.

Iloilo, Panay, June 5 (Delayed) (A. P.).—Mrs. Charma Covell, her hands tied behind her, pleaded with the Jap captain, Kunoyi Watanabe, as he prepared to behead her with his Samurai sword.

"Why will you kill us all?" she asked. "We are Christian missionaries."

The imperturbable officer, surrounded by Jap soldiers, smiled but said nothing. Mrs. Covell was forced to kneel with her head down. Watanabe drew his sword as the Jap guards stood by with bayonets fixed. Mrs. Covell screamed. That was all.

Eleven times that day at that spot Watanabe's sword fell. Eleven Americans were beheaded. In another house, the same fate befell five others. Three small American boys were killed by Jap bayonets. Then fires were set in an effort to blot out the crime.

Six of the victims were women. Eleven of those killed were Baptist missionaries.

Eyewitness Tells of Executions.

The story of the tragedy, which occurred at Hopevale—"The Valley of Hope"—on December 20, 1943, has just been released. It was pieced together from accounts, including that of Paterno H. Enano, 23, who witnessed the executions and later became a Filipino guerrilla. At the time of the atrocity the Japs had used him as an interpreter.

[The executions of the eleven missionaries and the Rounds boy were announced June 1 in New York by the American Baptist Foreign Missionary Society. A spokesman said at that time that news of the executions had reached the society some months previous but was withheld for security reasons at the request of the War and State departments.]

Enano, a former student of the Central Pilippine College, heard Mrs. Covell make her fruitless plea. Then he turned his head and walked away as Watanabe's sword fell. Enano could not bear to look upon the death of Mrs. Covell, who was his teacher at the college.

Enano said Watanabe, known on Panay as "the terror of China," was solely responsible for the slaughter.

Valley of Hope Betrayed.

A Jap force of 500 left the township of Libacao in Capiz province on December 18, 1943. On the way to Iloilo, Lieut. Robert King of the United States Army and two unidentified engineers, later to be numbered among those beheaded, were seized.

A Filipino, threatened with death, disclosed the location of an American mission hideout in the "Valley of Hope." During Sunday services, 250 Jap soldiers surrounded the camp. Watanabe and a picked group of his men seized the sixteen Americans.

They were Dr. Francis H. Rose, field representative of the American Baptist Foreign Missionary Society and professor of zoology at Central Philippine College; Mrs. Rose, a professor of mathematics and foreign languages; James H. Covell, English professor; Mrs. Covell; Miss Dorothy Dowell, principal of the Baptist Missionary Training School at the college.

Also Miss Signe Erickson, professor of religious education at the Missionary Training School; Dr. Frederick Meyers, director of Immaneul Hospital at Capiz; Mrs. Meyers; Jane Addams, head nurse; the Rev. Erle Rounds, director of rural education for the Convention of Baptist Churches on Panay; Mrs. Rounds and their 8-year-old son, Douglas; Mark W. Clardy, United States Army engineer of Arizona; Mrs. Clardy and their two sons, Johnny and Terry.

Bones Buried at Pulpit.

The following afternoon the sixteen were led forth one at a time from the detention house to the execution room to die. Mrs. Covell was first. The heads of the three children still were attached to the bodies when Enano probed the ruins of the burned execution house after the Japs departed.

Engracio C. Alora, general secretary of the Convention of Philippine Baptist Churches, buried the bones in a common grave at the foot of the pulpit in the Mission three weeks later, but fortunately did not mark the grave. Later the Japs came back to the Mission, chopped the communion table into firewood and cooked a meal over the grave, unaware of it.

Alora and a Mr. and Mrs. Urbano Nequin, who lived near the scene, verified Enano's story.

コベル夫妻の死を伝える米国の新聞。子どもも含めて16人の米国人が殺されたと報じている＝大島良雄さん提供

の引き揚げをちらつかせるなど軍は学校に強い影響力を持つようになっていた。

「コベルを守りたいが、〈学校存続〉との間で悩む坂田の思いが日記にはにじむ」と帆苅さん。

教練に加え学校での思想統制も進んだ。文部省は三四年に思想局を設置。翌年に天皇機関説問題が発生。日中戦争が三七年に始まり、泥沼化するにつれ〈皇国民の錬成〉が教育の最高目標となった。総力戦の体制づくりが進む中で、コベルの追放は持ち上がっていた。

その後、コベル夫妻はフィリピン中部のパナイ島の大学に移った。日米戦争が始まると大学の同僚らと山中に逃げたが、四三年十二月、日本軍に捕らわれた。「私たちは宣教師だ。なぜ殺すのか」とシャーマが問いかけたが、答えはなく、二人は日本刀で斬首されたと米国の新聞は報じている。

「人間の行為で戦争ほど愚かなものはありません。それを阻止しようとコベル先生は平和主義を貫いたのです」と語る大島さんは九十七歳。陸軍少尉として中国で敗戦を迎えた。戦場での経験から戦後、信仰の道へと進み、コベル夫妻の歩みをたどる研究を続けてきた。

「なぜ追放され、殺されたのか。そうしないと戦争が出来なかったからです。戦時下とはそうした社会です。私たち兵隊は人を殺すことに痛みを覚えない人間に改造されました。平和な世界の実現を他人任せにせず、自分に課せられた問題として今を生きる人たちに考えてほしいですね」

忘れてはいけない人、忘れてはいけないことのあることを、また教えられた。

（二〇一六年八月二十一日掲載）

横浜市南区三春台の関東学院中学校高等学校には、「コベル・ホール」として亡くなった宣教師の名前が伝えられている。生徒たちの食堂として使われ、同窓生にとっては思い出深い施設となっているという。

そのコベル宣教師が日本を追われたのは一九三九年六月、つまり〈反英運動〉が盛り上がろうという直前のことであった。戦争は急に始まったわけではなかった。少しずつ少しずつ、日常の生活の周辺で何かが変わっていったことを、コベルを取り巻く環境の変化は伝えているのだろう。

学校における軍事教練にしても、本来は軍縮を契機に始まっていた。この軍縮を実現させせたのは陸軍大臣宇垣一成だった。そしてこのコベルが日本を追われた同じ年、天皇から指名された宇垣の首相就任を阻止したのは、陸軍の後輩たちだった。その動きの底流にあったのは、この軍縮への反発だったと指摘する声が強い。

それにしても、こうした自由の弾圧の際に口実として用いられた〈共産主義〉とは何だったのだろう。なぜ共産主義はいけなかったのか。そこにあったのは君主制の危機だったとされる。第一次世界大戦を契機にロシアやドイツなどかなりの数の国で王や皇帝が姿を消した。君主制の日本において、その揺らぐ危機感の鉾先が向かったのが共産主義だったのだろう。敗戦後は、米軍の占領下で、共産主義はまた敵視され〈レッドパージ〉が展開される。米国で強かったのは「中国を失った」という〈喪失感〉だったとされる。

なぜ、それほど忌み嫌わなくてはいけなかったのか。そこで醸し出された意識が今も日本社会には伏流してはいないのか。日本から追放する口実としてコベル宣教師に貼り付けたラベルの意味も考えたい。

六　コベル先生と〈不戦条約〉（第三十八話）

平和主義を貫き日本を追われ、移ったフィリピンで日本軍に殺された米国人のジェームズ・コベル宣教師（一八九六～一九四三）が関東学院の廊下に掲げていたという「不戦条約」が残っていた。教え子の海老坪真さんが横浜の自宅で大切に保管していた。

コベル宣教師の残した「不戦条約」を胸に抱えた海老坪真さん。大切に保管してきた

「国家の政策の手段としての戦争を放棄することを厳粛に宣言す」など条文の日本語訳に加え、「永遠の平和、後世への最大の贈物」「平和を支持せよ！」の呼びかけが朱色で印刷されている。額も含め戦前のままだという。

◇　◇

海老坪さんは一九三八年春に関東学院の中学に入った。英語を習っていたコベルの姿は三九年になると教壇から消えた。公安当局に追われたのだった。

　戦後に海老坪さんは牧師になり、五六年から関東学院の中学・高校で聖書の授業を担当。「不戦条約」はそのころ、学校の物置で二点発見した。校長に報告すると、「二つはいらない」というので、一点を持ち帰ったという。

　条約は米仏両国の提唱により、日本、英国、ドイツなど十五カ国が参加し二八年に締結された。内容から「戦争放棄条約」とも、調印場所から「パリ不戦条約」とも、提唱者の名前から「ケロッグ＝ブリアン条約」とも呼ばれる。戦車や飛行機、毒ガスなどの大量殺戮《さつりく》兵器が登場し、戦死者一千万人という空前の犠牲をもたらした第一次世界大戦の反省から、国家間の紛争を平和的に解決することを目指したものだった。

　この大戦はコベルに大きな影響を与えた。二〇年に日本にやってきたコベルは米国の母や兄に毎週手紙を出し千通以上が残っている。栃木県の元小学校長渡辺基さんが読み解き「コベル先生」として自費出版。その思いを知ることができる。

　――十八歳の時に第一次世界大戦が始まった。戦争の悲惨さを新聞や身のまわりの出来事などから見聞。なぜ人間は平和に暮らすことができないのか。人と人が殺し合う戦争を防ぐことはできないのか。このことがいつも頭の中にこびりついていた――

　コベルの平和主義の原点だった大戦だが、日本では異なる姿で記憶された。

コベル夫妻と子どもたち。次女は 1983 年に日本に招かれ「両親を虐殺した日本兵を恨みません。殺人を肯定する軍国的な考えこそ恨みます」と語った＝関東学院学院史資料室提供

英国と同盟関係にあった日本はドイツに宣戦し、中国におけるドイツの支配地を占領。列強不在となった中国に二十一カ条の要求を突きつけ権益を拡大。ドイツの植民地だった南洋諸島も手に入れた。犠牲の少ない成功体験だった。

不戦条約調印の直前に、日本軍は中国北部の軍閥を率いた張作霖を爆殺。代わって勢力を拡大した蔣介石政権を国と認めず、不戦条約の対象外だとした。三一年には満州事変を起こし長い泥沼の戦争に踏み出す。

◇　◇

そうした時代に「不戦条約」はコベルの心の支えだった。

コベルは三九年六月に日本を去った。その三カ月後、欧州で第二次大戦が始まった。ド

イツ軍の勝利が続くと、日本では心配が生まれた。このまま戦争が終わったら、ドイツから取り上げた南洋の領土を返さなくてはいけないのでは……。ドイツと同盟を結ぶ要因となり、その同盟はさらに大きな戦争をもたらした。

コベルは四三年十二月に殺害された。英国在住の作家シャーウイン裕子さんが今年刊行した『戦争を悼む人びと』（高文研）に、コベルを捕らえた元日本兵の証言が収録されている。

完璧な日本語を話す紳士がいた。この物静かで勇気ある紳士に会えば、冷たい心根も和らぎ、親切に扱うだろうと上官の大尉に引き渡した。ところが別の任務で出かけ戻ってくるとコベルは殺されていたという。

その現場を海老坪さんは二〇〇三年に訪ねた。「こんな山奥で」と驚いた。地元の教会関係者が案内してくれたが、その三年前に海老坪さんたちが作ったコベルの生涯を紹介する紙芝居を知っていた。日本語と英語を併記し国内外の教会に配ったものだった。

海老坪さんがコベルに接したのはわずか半年余。その後は陸軍のパイロットになり特攻隊の訓練に明け暮れ敗戦を迎えた。

「戦争をしてはいけません――。コベル先生の精神を受け止めなくては」。宝物のように「不戦条約」を胸に抱いた九十一歳の海老坪さんはそう力を込めた。

（二〇一六年九月二十三日掲載）

「不戦条約」は第一次世界大戦の悲惨な経験から生まれた。国際連盟の創設と並び、戦争を再び招かないための仕組みであった。

ところが、うまく機能しなかった。欧州では再び、凄惨な戦争へと突入する。東アジアでも戦争のある光景は日常化する。

それはなぜだったのだろう。日本ではさして注目されない視点ではないか。

第一次世界大戦における日本の立場、それは〈火事場泥棒〉と呼ばれても仕方のないものだった。日英同盟を結んでいた英国の要請で動き出した。中国でのドイツの動きを抑えてほしいとの要請だった。英国はすぐにこの要請を取り消すのだが、日本の動きが止まることはなかった。

そして中国に対して二十一カ条の要求を突きつける。日本国内でも羞恥心を覚えた人がいたようだ。

ところがこの戦争は、日本に空前の経済的繁栄をもたらした。欧州の工業生産の現場が機能を失い、それに代わる役割を日本が担うことになった。何をつくっても飛ぶように売れたらしい。様々な分野でとてつもない成金が生まれた。

列強が不在となった中国では足場と権益を確保し、さらに敗者となったドイツから取り上げた南洋諸島を実質的に日本の領土に加えることができた。

「それは正しくないことだ」。誰がそんなことをいえるだろう。

火事場泥棒は成功体験として記憶されることになる。

しかし、それは本当に成功だったのだろうか。二十一カ条の要求は五・四運動のような反日運動をもたらし、さらに泥沼のような中国での戦争をもたらした。

歴史は多面体である。どの面から何を見るのかで、浮かぶ光景や様相は変わってくる。どのような視点が日本に欠けているのかを、コベル宣教師が残した「不戦条約」は教えてくれるのではないか。

七　日独伊三国同盟、成立の実情【上】（第八十二話）

戦争が終わった一九四五年の秋、箱根には多くの外国人が滞在していた。空襲を避け疎開したが、焼け野原の東京や横浜には戻る場所もなくホテルや別荘での暮らしを続けていた。

駐日独大使だったハンス・シュターマーもその一人だったが、九月になると米軍によって強羅のホテルに軟禁された。かつての部下だった大使館員から「戦争の勃発、拡大、長期化について責任がある」と告発されたのだ。

真珠湾攻撃から四年目の十二月八日に連合国軍総司令部（GHQ）が東京裁判のため国際検察局（IPS）を設けるとシュターマーは戦犯容疑者として東京の巣鴨プリズンに連行された。そこでの尋問調書が米国の公文書館に残っていた。

読んでみると、駐日大使としての職務ではなく、四〇年九月二十七日に調印された日独伊三国同盟成立の舞台裏が尋問の中心だ。

この同盟交渉にシュターマーは独外相の特使として日本に派遣されると、二十日たらずで同盟を成立させた。交渉の相手は松岡洋右だった。国際連盟脱退で一躍名を高めた松岡は、四〇

三国同盟がベルリンで調印された夜、東京で行われた祝賀会。右から二人目が松岡洋右外相、次いで東条英機陸相、シュターマー特使

年七月発足の第二次近衛文麿内閣で外相についていた。

検察官はなぜ関心を持ったのか。同盟の前史からたどってみよう。

◇　◇

日独間には三六年に結ばれた防共協定があった。それを軍事同盟に発展させる構想は陸軍が中心になって進め、国内での議論は三九年の年明けから本格化した。

他国から攻撃を受けた時には共同で反撃する――というのが同盟の骨子。どのような攻撃を受けたら〈反撃＝戦争〉するのかという条件が最大の論点となった。

即座に戦争を始める〈自動参戦〉をドイツは求めていた。それに対して、各国が独自に検討して判断する〈自主参戦〉を海軍は主張した。欧州での戦争に巻き込まれ英米と戦う事態を避けたいとの考えだった。

「神奈川の記憶・七十七」で紹介した「反英運動」が高揚したのは、そうした陸軍と海軍の対立が激しくなった時のことだった。

三九年八月二十三日にドイツはソ連と不可侵条約を締結する。仲間と信じたドイツが突然、最大の敵と見なすソ連と手を結んだ衝撃は大きく、平沼騏一郎内閣は総辞職。「裏切られた」との思いから世論は一気に反独に振れ、九月にドイツがポーランドに侵攻し第二次大戦が始まると、日本はすかさず「不介入」を宣言した。

ところが、それからわずか一年。不可能視された同盟が、「すべての条件をドイツが承諾した」として短期間で成立した。

それはなぜだったのか。検察官は問い詰めている。

東京朝日新聞　號外

昭和十五年九月二十七日

日獨伊三國同盟締結

大詔嚴かに渙發さる

豫て日獨伊三國間で交渉中の三國同盟は今回妥結を見、二十七日午後ベルリンにおいて調印を了し、同日夜三國同時に右條約要旨が發表された、この劃期的な三國同盟成立により日獨伊三國の樞軸は格段の強化を見、今後三國はこれによつて世界新秩序の建設完成に協力邁進し、萬邦をしてその所を得せしめ世界の恒久平和樹立を期せんとするものである、この日畏くも天皇陛下には詔書を渙發あらせられた、三國同盟の要旨左の如し

同盟條約要旨

【外務省發表　昭和十五年九月二十七日午後九時十五分】日獨伊三國間に本二十七日ベルリンに於て左記要旨の三國條約締結せられたり

日本國、ドイツ國及イタリー國間三國條約要旨

大日本帝國政府、ドイツ國政府及イタリー國政府は萬邦をして各其の所を得しむるを以て恒久平和の先決要件なりと認めたるに依り、大東亞及び歐洲の地域に於て各其の地域に於ける當該民族の共存共榮の實を擧ぐるに足るべき新秩序を建設し且之を維持せんことを根本義と爲し右地域に於て此の趣旨に據れる努力に付相互に提携し且協力することに決意せり、而して三國政府は更に世界到る所に於て同樣の努力を爲さんとする諸國に對し協力を吝まざるものにして斯くして世界平和に對する三國終局の抱負を實現せんことを欲す依て日本國政府ドイツ國政府及びイタリア國政府は左の通り協定せり

第一條　日本國はドイツ國及びイタリア國の歐洲に於ける新秩序建設に關し指導的地位を認め且之を尊重す

第二條　ドイツ國及びイタリア國は日本國の大東亞に於ける新秩序建設に關し、指導的地位を認め且之を尊重す

第三條　日本國、獨逸國及伊太利國は前記の方針に基く努力に付相互に協力すべきことを約す更に三締約國中何れかの一國が現に歐洲戰爭又は日支紛爭に參入し居らざる一國に依て攻撃せられたるときは三國は有らゆる政治[illegible]

[illegible]ベきことを約す

第四條　本條約實施の爲各日本國政府、ドイツ國政府及びイタリア國政府に依り任命せらるべき委員より成る混合專門委員會は遲滯なく開催せらるべきものとす

第五條　日本國、獨逸國及伊太利國は前記諸條項が三締約國の各とソヴイエト聯邦との間に現存する政治的狀態に何等の影響をも及ぼさざるものなることを確認す

第六條　本條約は署名と同時に[illegible]

[illegible]間有効とす　右期間滿了前適當なる時期に於て締約國中の一國の要求に基き締約國は本條約の更新に關し協議すべし

三国同盟の締結を伝える朝日新聞の号外。突然、結果だけが国民に知らされた

まず参戦条件。「戦争を始めるかどうかは協議で決定するのは当然」との駐日独大使名の文書が出され、〈自主参戦〉の担保だと松岡は説明していた。

条約を成立させた〈秘密協定〉の公文書とにらんだ検察官が尋ねると、シュターマーは答えている。

「国内の同意を取り付けるのに、松岡が困っていたので、私にできることをすると言った。個人の身分で手紙を書きましょう。しかし、それは公式のものではありません」

その条件を帰国して外相に伝え、同意を得たかと検察官は尋ねた。

「告白する。大変申し訳ないが完全に忘れていた。そのことがドイツで語られたことは一度もない」

日本が命運を託した文書は外交官の〈私的手紙〉にすぎず、内容が本国に伝えられることもなかったというのだ。

◇　◇

ドイツが承諾したとされた条件は他に二つあった。

南洋諸島は第一次大戦でドイツが敗れ失った植民地で、日本が統治していた。欧州での戦争でドイツが勝てば、返さなくてはいけないと日本は心配していた。

いったんドイツに返すが安価で売ってもらえると松岡は説明していた。

それに対しシュターマーは「そんなことは本国に言えない。とても理解してもらえない。馬鹿げている」と述べている。

松岡はソ連との仲介もドイツに依頼していた。ノモンハンで衝突したソ連との関係改善は日本の懸案だったが、「ドイツに帰ると、ソ連外相が来ていたので、目的は達成されたと考えた」とシュターマー。要するに何もしなかったのだ。

日本が同盟に踏み切った条件は実態がなかったことを尋問調書は伝えていた。

四一年十一月に米国は〈ハル・ノート〉を提示した。最後通告と受け止めた日本はとても飲めないとして戦争に踏み出した。米国の要求の核心は三点で、三国同盟の破棄はその一つだった。

（二〇一七年九月三十日掲載）

日本は対米戦争に追い込まれたとの考えがある。〈ハル・ノート〉で米国が突き付けた要求はあまりに過酷で、とうてい受け容れられなかったとの見方である。要求の核心の三点とは、①日本軍の中国・インドシナからの撤退②蒋介石政権以外の中国の政権の否認③日独伊三国同盟の破棄――であった。

三国同盟を検討すると、同盟としての協力の実態のなかったことに驚かされる。四一年六月に始まった独ソ戦によってシベリア経由の交通路が遮断されると、大きな物資の運搬は不可能になった。作戦面でも、シンガポール攻略を同盟による共同作戦だったとにらみ、米英は戦後に日本軍首脳を追及するが、まったく痕跡は見当たらなかった。そもそもこの同盟は、攻撃を受けた時を想定した内容で、日本が米国を攻撃したことで始まった戦争に、ドイツが参戦する義務は本来なかったのだ。

そのような同盟がなぜ誕生したのか。日本にとっては、ドイツの勝利が確実に見えたことが大きかった。中国での戦線で日本は犠牲を積み重ねていた。そこに展望を開けるのではとの期待もあった。ドイツの勝利を前提にした、世界の再分割協定こそが、この同盟の実態だった。

ドイツにとっては、英国の頑強な抵抗が動機だった。欧州に残る唯一の敵となった英国は海軍力が強力で、陸軍主体のドイツ軍は英国に攻め入ることができなかった。英国の背後にいる米国の参戦を阻止する必要もあった。

シンガポールを攻めろとドイツは繰り返し日本に求めた。日本大使は色よい返事をしたとドイツの外交文書は記しているので、東京裁判の検察官は問い詰めている。駐独大使大島浩は答えている。「相手国の機嫌を損ねないのが外交官の仕事だ」

八　日独伊三国同盟、成立の実情【下】（第八十三話）

一九四〇年九月二十七日に調印された三国同盟の交渉を担った独外相の特使ハンス・シュターマーが東京に到着したのは九月七日だった。来日の目的を検察官の尋問にこう答えている。

「日本の状況がどうなっているのかを見てこい。そして可能なら同盟を結べ、と外相に命じられた」

前年の独ソ不可侵条約締結がもたらした日本における〈反独〉感情を独側はつかみかねていたのだ。

ところが九日に松岡洋右外相の私邸で初めて顔を合わせると、その場で同盟締結の方針で合意した。

前年には関係閣僚会議を数十回開いても実現できなかった同盟だ。それを可能に変えた日本の〈状況〉とは何だったのか。

◇　　◇

七月に首相が米内光政から近衛文麿に変わった。海軍大将の米内は日独提携に慎重だった。

三国同盟を成立させた松岡洋右外相は翌年 1941 年 3 月にドイツを訪問した。ベルリンでヒトラー（左）と会談した後、そろって歓迎の人々に手を振った。右は駐独大使の大島浩

すると陸軍大臣が突然辞任。その後任を出さないという手法で陸軍が内閣を倒した。三六年に発生した二・二六事件で、陸軍では多くの重鎮が引退に追い込まれた。そうした旧幹部が復活するのを防ぐ反省の仕組みだとして導入した〈軍部大臣現役武官制〉を逆手にとった。

近衛はドイツとの提携強化を打ち出し、外相に松岡洋右を起用した。国際連盟からの脱退劇で知られた松岡には、「外国にはっきり物が言える」との期待が寄せられた。

日本に変化をもたらしたのは欧州戦線での独軍の快進撃だった。三九年九月に始まった戦争は四〇年になると急展開。五月にオランダとベルギーが、六月にはフラン

スが降伏した。欧州に残るのは英国だけで、その屈服も時間の問題だとの見方が強まった。

日本の陸軍にとっては泥沼状態の中国との戦争が懸案だった。中国を支援する英国をドイツが倒せば状況は大きく変わる。中国軍の背後にいたドイツ人軍事顧問団を切り離すためにも手を結ぶのが早いと考えた。

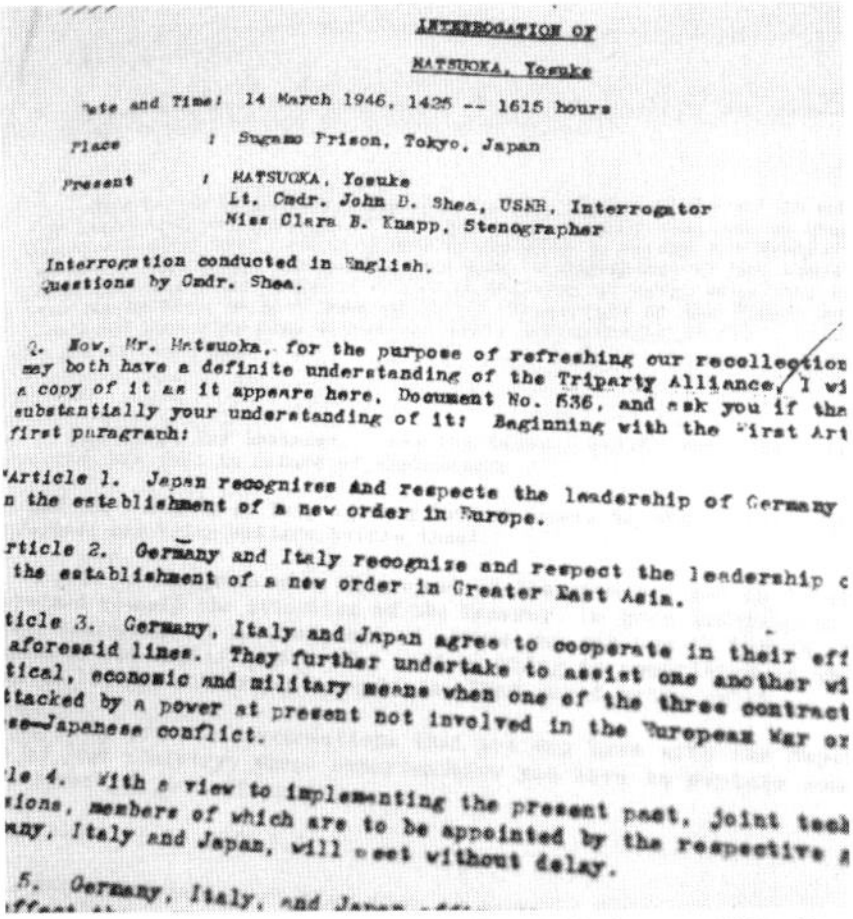

INTERROGATION OF

MATSUOKA, Yosuke

ate and Time: 14 March 1946, 1425 -- 1615 hours

Place : Sugamo Prison, Tokyo, Japan

Present : MATSUOKA, Yosuke
Lt. Cmdr. John B. Shea, USNR, Interrogator
Miss Clara B. Knapp, Stenographer

Interrogation conducted in English.
Questions by Cmdr. Shea.

Q. Now, Mr. Matsuoka, for the purpose of refreshing our recollection
may both have a definite understanding of the Triparty Alliance, I wi
a copy of it as it appears here, Document No. 536, and ask you if the
substantially your understanding of it: Beginning with the first Art
first paragraph:

Article 1. Japan recognizes and respects the leadership of Germany
n the establishment of a new order in Europe.

rticle 2. Germany and Italy recognize and respect the leadership c
the establishment of a new order in Greater East Asia.

ticle 3. Germany, Italy and Japan agree to cooperate in their eff
aforesaid lines. They further undertake to assist one another wi
tical, economic and military means when one of the three contract
ttacked by a power at present not involved in the European War or
se-Japanese conflict.

le 4. With a view to implementing the present pact, joint tech
sions, members of which are to be appointed by the respective g
any, Italy and Japan, will meet without delay.

5. Germany, Italy, and Japan

東京裁判のために設けられた「国際検察局」が作成した松岡洋右の尋問調書。こうした資料が裁判に出ることもなく、眠り続けていた

海軍には南洋諸島が懸案だった。ドイツが第一次大戦で失った植民地だけに、ドイツが欧州での戦争に勝利すれば、返さなくてはいけないと考えられていた。

「バスに乗り遅れるな」との風潮が生まれていた。だが〈参戦条件〉など同盟をめぐる本質的問題は何も変わっていなかった。

その間の矛盾を埋めたのが松岡とシュターマーの交渉だった。一貫して松岡の私邸で行われ、同席者は駐日独大使一人だけだった。

密室交渉なので、松岡の言い分を信じるほかなかった。調印の前日には枢密院の審査があった。条約の締結は天皇の権限で、天皇の諮問機関が枢密院だった。

そこでのやりとりが「日本外交文書」にある。

たとえば南洋諸島。「いったん返還するが、安く譲ってもらえる」と説明する松岡に、具体的な見通しの質問があった。

松岡は答弁した。

「日本だけ特別扱いできないので返還するが、代償は〈ノミナル〉（＝名ばかり）のものでいいので、例えばコーヒー六袋ということもあるぐらい極めて軽いものだ」

ドイツ側外交官の供述調書を見る限り、この松岡の説明に具体的根拠があったとは思えないが、ともかくこうして同盟は成立した。

すると米国は態度を硬化させた。現在戦争していない国から攻撃を受けたら共同で反撃する――が同盟の骨格。四〇年秋の段階で、戦争に参加していない主要な国は米国だけで、その参戦を防ぐのがドイツの狙いなのだから当然だった。

◇　　◇

それにしても、こうした同盟交渉の内実がこれまで明らかにならなかったのはなぜだったのだろう。

A級戦犯の候補だったシュターマーは最終段階で訴追を逃れた。通訳などドイツ語の準備が難しいという事情だったとされる。

二十八人を被告に裁判は四六年五月に始まったが、翌六月に松岡が病死。三国同盟交渉にかかわった被告人はいなくなり、尋問調書は裁判に出されることなく眠り続けることになった。

東京裁判の尋問調書は米国で公開されたのを受け、九三年に日本で刊行された。膨大で五十二巻に上る。東条英機や木戸幸一らの調書を分析した研究は現れたが、ドイツ人外交官にまで目が届くことはなかった。

1993年に出版された「国際検察局（IPS）尋問調書」。全52巻で2万6千ページを超える資料集で、県内では横浜市立中央図書館に蔵書がある

三国同盟の締結は日本が米国との戦争に踏み出す大きな契機となった。その命運を決めた一九四〇年秋、密室の交渉で何があったのか。不可能視された同盟を可能にしたのは何だったのか。さらには、そうした疑問点を突き詰めることのなかった戦後社会とは……。様々なことを考えさせられる秋である。

（二〇一七年十月七日掲載）

日本の政治は嘘によって成り立っている。そんな風潮は何も昨今始まったことではなかった。三百万人を超える犠牲者を出した戦争をめぐってもそうであり、しかもその実態を知ることのないままに日本人は戦後と呼ばれる空間を生きてきた。

そんな事実に気づいたのは、東京裁判のために米国人検察官が重ねた尋問の調書が残っていたからだ。膨大にあり、その中にドイツ外交官の調書を見つけ、誰も読み解いた人がいないことを知り読み始めた。仕事とは別なので、主に休日を利用しての作業で数年がかりとなった。

ドイツ外交官数人の供述は内容が一致する。それを、交渉相手だった松岡洋右に検察官はぶつけた。ところが松岡はなかなか言質を与えない。それもそのはず、政権内で松岡がしていた説明は実態のない嘘だったのだ。それまで同盟の成立を阻んでいた懸案は解決していないし、合意に達していないのが交渉の実態だったのだ。

ところが、その松岡の行動は、ジュネーブでの国際連盟からの脱退と同様に熱烈な社会の支持によって追認された。

魔法を披露した松岡はまた英雄となった。四一年春、松岡はベルリンにヒトラーを訪ねている。その時に、松岡がヒトラーに何を語ったのかがドイツ側の外交資料に残っていない。通訳の手記にも記録がない。すると尋問調書に、同席した駐日独大使が明かしていた。

八紘一宇を松岡はヒトラーに説いたというのだ。その会見の記録を日本政府に送らないでくれと松岡は要請している。「日本の政治家は信用できないから」と松岡は理由を述べている。

日本人が政府からは決して教えられることのなかった、そうした外交や政策決定の内実はまとめて『虚妄の三国同盟』（岩波書店）として二〇一三年に出版した。関心のある方は、そちらをご覧いただきたい。

九　ハンガリー公使が見た三国同盟（第八十八話）

日本を破滅の大戦へと導いた三国同盟に日独伊の三国以外にも加盟国のあったことを知る人はどれくらいいるだろう。ユーゴスラビアなどドイツの勢力下にあった国々が参加し戦争に巻き込まれた。日本からは目の届きにくい、そうした歴史を『ハンガリー公使大久保利隆が見た三国同盟』（芙蓉書房出版）は教えてくれる。著者は横浜市の翻訳業髙川邦子さん（五六）。

放送局で海外ニュースの翻訳をする髙川さんは、三十五歳の時に大学の通信教育学部に入り政治学を学んだ。しっかりした知識の必要性を感じたからだが、次第に祖父のことが気になった。

祖父大久保利隆は一八九五（明治二十八）年生まれで外交官だった。イタリアなどの大使館勤務を経て、一九四〇年の三国同盟締結時には外務省条約局の課長。さらにハンガリー公使などを歴任。戦後はアルゼンチン大使を務め、一九八八年に九十二歳で亡くなった。

髙川さんはその人生をたどってみようと思い立った。手がかりは祖父が残した回想と父利宏さん（八六）の記憶。祖父は長男の利宏さんに、貴重な経験を語っていた。

回想はハンガリー勤務を振り返った「欧州の一角より見た第二次世界大戦と日本の外交」と題した二十四ページの小冊子。読んでみたが知らない人名の連続。調べるにもハンガリーに関する文献は日本には少なかった。

英語のほかドイツ語、ハンガリー語の資料にまで調査対象は広がった。祖父が打った外交電報も日本にはほとんど残っていなかった。米国にも少なく、ようやく対面できたのは英国の文書館。傍受された内容が残っていた。

ハンガリー公使を務めた大久保利隆。真面目な人柄だったという＝髙川邦子さん提供

仕事と家事の合間をぬっての作業だけになかなか進まなかった。ハンガリーで見つけた資料なども盛り込み、出版したのは二〇一五年になっていた。

◇　　◇

長年の成果は、はるか遠いと思いがちなハンガリーが日本と密接に関わっていたことを教えてくれる。

ハンガリーは第一次大戦で敗れ

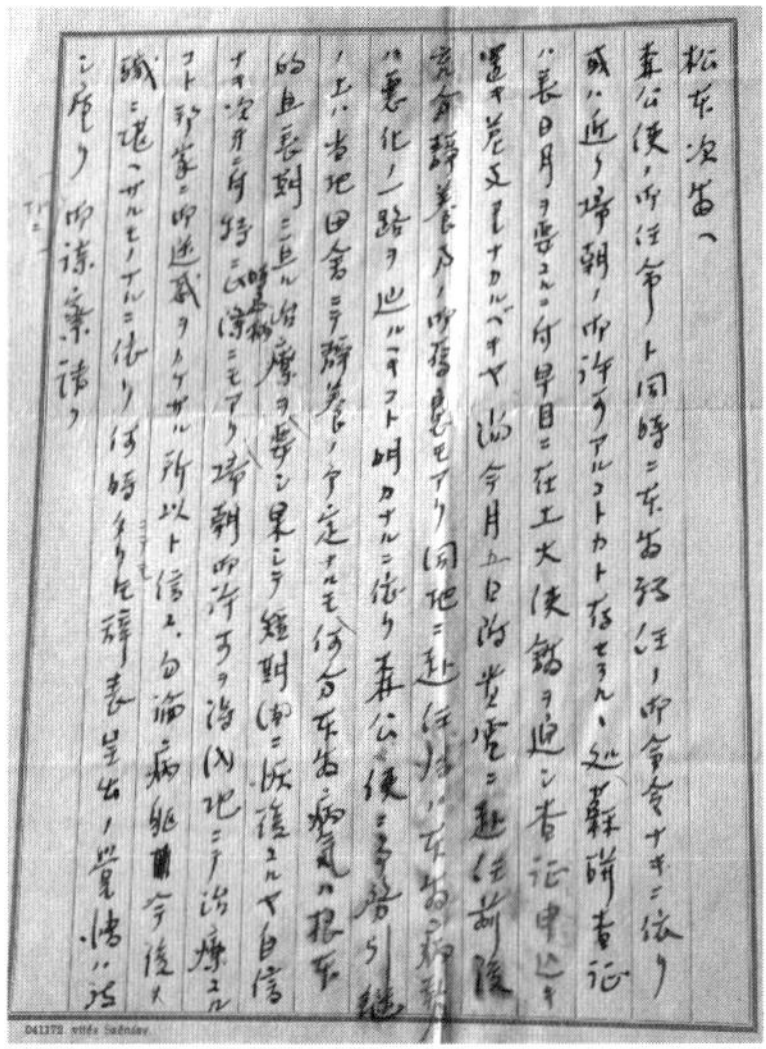

帰国を申し出る外務次官あての電報の下書き。文字のにじみがあるが、「危機感と、くやしさからの涙だろう」と髙川さんは考える＝髙川邦子さん提供

国土の三分の二を失い、その回復が悲願となっていた。一九三九年に第二次大戦が始まり、ドイツが勝利を重ね、失った領土の一部を取り戻してくれると、ドイツに傾斜。四〇年九月に三国同盟が成立すると、ハンガリーは十一月に同盟に参加した。日本と同様に「ドイツの勝利は確実だ」との思惑に押されての判断だったようだ。

大久保公使が四一年一月に着任したハンガリーは日本と同盟の関係にあった。

六月に独ソ戦が始まるとハンガリーは参戦。十二月に英国がハンガリーに宣戦を布告した。日本が真珠湾を攻撃すると、ハンガリーは米国に宣戦を布告した。

だがドイツはソ連で苦戦。四二年十二月、大久保は戦況を伝える電報を打った。「勝利を確信した以前とは全く異なる状況にある」

四三年一月、ハンガリー軍はソ連軍に大敗。情報を収集した大久保は「ドイツは長く持たない」と判断。だが、欧州ではヒトラーらと親しい大島浩駐独大使が絶大な力を持ち、ドイツに有利な情報ばかり日本に報告していた。

正しい情勢を伝えなくてはと大久保は病気を理由に帰国を申請し、四三年十一月に帰国の途につく。トルコを経由し危険な情勢の中央アジアを横断し、四四年一月に東京に戻った。外相や宮内相らに会って説いた。「ドイツの敗北は必至だ。その時期は今から一年半」「ドイツを片付けたら連合軍は一丸となって日本に向かってくる。戦争をやめなくては」

すると、ご進講に招かれた。「その頃の日本というものは噓《うそ》の塊であった。本当のことを陛下のお耳に入れておく必要があると思った」と回想にある。「少し和らげて」欧州情勢を説明すると「陛下は非常に熱心に聞いておられた」。

覚悟を決めての進言が採用されることはなかった。

◇　◇

「解体、消滅した国を祖父は欧州で目にしていました。ここで言わないと日本がなくなってしまうという切迫した危機感からの行動で、胸に迫るものがありました。祖父が体験し父が記憶し、私が書き上げた三代のリレーです。後世に伝わってほしい」と髙川さん。

自分の行動への感想を大久保は回想に記していない。そうした中、戦前の外交への指摘が目に付いた。

「外交の良識の働く余地はまったく閉ざされていた。行き詰まり自体を多少の犠牲を忍んでも解決しようとするのではなく、さらに大きな事態に突入することによって一時的に難局を解決しようという安易な考え方が支配的であった」

貴重な経験に基づく教訓だ。肝に銘じなくては。

（二〇一七年十一月二十五日掲載）

歴史の事実はいたるところに埋もれている。それどころか、知られていることはごく一部に過ぎないことを痛感させられた取材だった。

欧州の東部戦線の事情は日本からは目が届きにくい。せいぜい知られるのは、独ソ対立の最前線となったポーランドぐらいだろう。

ドイツはなぜソ連に攻め入ったのか。そうした根本的な疑問でさえ、日本ではなかなか注目されない。ところが東欧にも日本とかかわりの深い歴史がある。そうしたことを、ハンガリーを舞台に教えてくれたのが髙川さんの研究だった。詳細は、その著作に譲るが、ここでも主役の一人は駐独大使大島浩だった。ドイツ留学経験があり陸軍大臣にまでなるエリート軍事官僚の父親のもと、子どもの時からドイツ語を学んだ。毎日、決まった数の単語を覚えないと、食事を与えないという教育を受け、陸軍きってのドイツ語の達人と呼ばれるようになる。

ドイツでの勤務も長く、ヒトラーでも外相リッベントロップでも、いつでも会ってくれる〈大物大使〉だとされた。この大島大使がベルリンから打電する「ヒトラーはこう語った」といった情報が、日本の政策に大きな影響を及ぼした。だが大島大使はドイツにとって都合の悪い情報は伝えなかった。対ソ戦でのドイツ軍の劣勢なども、日本には周囲の声を押しとどめ伝えようとしなかった。

A級戦犯に問われ東京裁判では無期禁固の刑を受ける。松岡洋右と並び、日本に厖大な犠牲をもたらしたキーパーソンなのだが、今日ではすっかり忘れ去られた存在だ。検察官の尋問調書を読むと責任感の希薄さが何よりも印象的である。

十　横浜にあった〈もう一つの港〉（第六十八話）

かつて横浜の海には二つの港があった。一つは世界各地からの人と物が行き交う船の港である。もう一つは水上で離発着する飛行艇の港で、南洋の島々とを結び航路を開いた。敗戦で姿を消し今では知る人も少なくなった飛行艇を操縦したパイロットが健在だと知り、話を聞きに出かけた。

「当時の関係者はほかにいなくなってしまいましたね」。そう語る横浜市磯子区の越田利成さんは大正十一（一九二二）年生まれで九十四歳。

「横浜からサイパンまでが十時間。そこからパラオまでが六時間でした。ティモールやタイなど様々な場所へと飛びました。サンゴの環礁に守られた南洋の穏やかな海は、飛行艇にうってつけの滑走路でした」

主力の九七式飛行艇は翼幅四十メートル。エンジン四基を備え乗客十八人。横浜―パラオ間は片道三百六十五円で、大卒初任給が七十円程度なので高価だったが、船なら十一日かかるのを二日で結んだ。

横浜からサイパン、パラオの南洋定期便に就航した九七式飛行艇。1939 年

「飛行艇に乗った 4 年間で、人間の一生分以上の経験をしました」と語る越田利成さん。戦後は日本航空の機長となり北極経由の欧州路線開設などにかかわった。総飛行時間 2 万 1368 時間。横浜市磯子区

◇　◇

愛知県で育った越田さんは中学生だった十五歳の時に海軍予備航空団に入った。在校しながら飛行訓練を受ける制度だったが、東京―ロンドン間の飛行を成功させた朝日新聞の飯沼正明操縦士にあこがれ民間パイロット養成所に転じた。

海上の空港誕生の経緯は磯子の郷土史家葛城峻さん（八六）が説明してくれた。

旧横浜海軍航空隊の格納庫。飛行艇関連で現在に伝わる唯一の施設。県警の機動隊が倉庫や訓練に使っている。幅160メートル、奥行き63メートルもあり巨大さに驚く。横浜市金沢区

金沢区の富岡海岸に一九三七年、海軍の横須賀航空隊から分離独立し飛行艇専門の横浜航空隊が発足。そこに間借りし三八年に国策会社の大日本航空が海洋部横浜支所を開設し、四〇年には磯子区根岸に施設が完成した。関東大震災のがれきを処分した埋め立て地で、飛行艇八機を収める格納庫は〈東洋一〉と称された。

こうして根岸湾の南北に軍と民間の二つの飛行艇基地が誕生した。

「大きな飛行艇が家の上を飛んでゆくんだ。貴婦人のように優雅でね、子ども心に誇らしい思いで空を見ていたもんだ」と葛城さん。

四一年に米国との戦争が始まる。越田さんは四二年に横浜に着任。東京湾を一望するターミナルビルは明るくモダンだった。ダブルのスーツが制服。機内食は関内の料亭が提供した。

レーダーがないので小笠原諸島までは島伝いに飛んだ。その先は三時間も海ばかり。太陽の角度で位置を確認し、波の立ち方で風の強さを割り出した。

戦争が激しくなると軍のための飛行が多くなった。制空権は失っていた。無謀な命令もあり、次々と仲間が命を落とした。

四五年八月に敗戦。飛行は禁止された。ところが九月に命令が。目的地は台湾。現金の払い出しが殺到し混乱する状況収拾のため台湾銀行券を届けろという。機体には日の丸を消しミドリ十字が描かれ、客室は紙幣でぎっしり。その重量で飛び立つのが難儀だった。不安な飛行で米軍機のスクランブルを二度も受けた。越田さんにとって飛行艇で最後のフライトとなった。

◇　◇

こうした歴史をどう振り返ればいいのだろう。

南洋の島々はドイツの植民地だった。第一次世界大戦でドイツが敗れ、日本は国際連盟から統治を委任された。その後、日本は国際連盟を脱退。統治の正統性が疑問視された。さらに三九年にドイツが戦争を始め、破竹の勢いで欧州を制圧すると、戦争が終わればドイツは旧植民地の返還を求めるとの観測が強まった。

横浜の海に空港が設けられたのはそんな時期。陸軍の満州に相当する勢力圏を海軍は南洋に築きたかったと指摘する研究が目につく。

四〇年九月には日独伊三国同盟が成立。海軍を中心に反対していた勢力が翻意したからで、条件の一つが南洋の島々だった。いったんドイツに返すが、安く売ってくれる約束だと松岡洋右が説得した。国際連盟の脱退で英雄となった松岡は外務大臣に栄進していた。だが、そんな約束は存在しなかった。〈ポスト真実《トゥルース》〉どころか、〈うそ〉だった。

翌四一年、米国が提示した〈ハル・ノート〉を日本は拒否し大戦へと突き進む。米国の要求の核心の一つが三国同盟の破棄だった。

何となく知っているつもりの戦争へと至る道だが、丹念にたどると意外な側面が見えてくる。戦争の危機がまた叫ばれている。細部にまで目が届いているのかを思わず自問する。

（二〇一七年五月二十日掲載）

飛行艇の話は以前から葛城さんに聞いていた。当初はあまり乗り気でなかったのだが、誘われて出かけた旧横浜海軍航空隊の格納庫を見て驚いた。横浜市金沢区にあり、県警機動隊の車庫などとして使われている。飛行艇関連では現存する唯一の施設だというが、間口百六十メートル、奥行き六十三メートルあり、ソフトボールなら同時に二試合できるという。見上げてその巨大さに言葉を失った。どうにか写真を撮ろうとしたが、ファインダーの中に収まらない。

その驚きから取材を始めた。越田さんの記憶は鮮明だった。計器のない時代の洋上の飛行とはどのようなものだったのかを具体的に説明してくれた。貴重な資料も見せてもらった。

南洋の諸島は第一次世界大戦で日本が得た新たな版図だった。日本からの植民者も多かった。

運賃は高かった。「どんなお客さんが多かったのですか」と尋ねると、「ほとんどは軍人でした」と越田さんは語ってくれた。

陸軍が独自の権益を満州に築いたように、海軍はこの南洋を独自の勢力圏にしようとしたとの指摘のあることを思い出した。三国同盟に反対していた海軍が賛成に転じるのは、南洋諸島をめぐる権益が大きく影響していたことを思い出した。

この記事が載ると越田さんはとても喜んでくれたと聞いた。しかし、その半年後、越田さんは世を去った。もう貴重な経験を語ってくれる人はいない。

十一　本郷台にあった旧海軍第一燃料廠（第七十二話）

この連載に何度も登場している横浜市磯子区の郷土史家葛城峻さん（八六）は昨年暮れ、立ち木の整理をしていて大けがをした。救急車で運ばれたと聞き、ＪＲ根岸線・本郷台駅近くの病院に駆けつけると、ベッドで痛々しく横になっていた。

胸の骨が何本か折れたようだ……とけがの具合をひとしきり語ると、「ここはかつては海軍病院だったんだ」と教えてくれた。

一帯には戦時中、海軍の第一燃料廠《しょう》があった。燃料廠は船に燃料を供給する基地なのだが、横浜市栄区の本郷台は海からは離れた地。単なる燃料基地ではなく、研究所だったからで、科学者が大勢集まっていた――と説明してくれた。

そこから先は栄区の郷土史家北條祐勝さん（八四）に聞いた。

「現在の本郷台駅を中心に、区役所も警察学校も柏陽高校も団地も全て燃料廠だった」。敷地は約四十ヘクタール。二千人が働いていた。

「横須賀への道路、大船からの鉄道、水道など一帯のインフラは燃料廠のために整備された。

夜しかつかなかった電気は昼でも使えるようになったし、海軍病院は総合病院で小児科もあったんだ」と北條さん。

本郷台駅近くの公園に残る「海軍用地」を示す石柱。燃料廠だった痕跡だ。横浜市栄区

◇　　◇

その巨大施設で取り組んだのは〈代用燃料の開発〉だった。北條さんの仲間だった故・菊田清一さんが研究のまとめを残している。

山口県周南市にあった海軍燃料廠の研究部が一九三九年に本郷台に移転。四一年に第一燃料廠となった。

当初目指したのは石炭液化燃料だったが、実用化できなかった。米国との戦争が始まり、石油不足が深刻になると、松の根をしぼったり、イモや雑穀からアルコール燃料を造ったりと手を広げた。

四四年には新型戦闘機「秋水」のための〈特殊燃料〉開発を始めた。ドイツが開発したもの

朝日新聞に残る「秋水」の写真。「試験飛行の失敗で機体が壊れた」との説明がついている。日時や場所は記されていないが、横須賀の追浜で撮影された可能性が高い

で設計図を潜水艦で運んだ。過酸化水素の〈甲液〉とアンモニアや尿素が原料の〈乙液〉を利用するロケットエンジンを搭載する計画。B29爆撃機の迎撃用だとして高度一万メートルまで三分、時速九百キロと驚異的な性能を目指した。

横浜市南区の萩原忠彦さん（八七）は旧制の中学生だった四四年から敗戦まで、保土ケ谷区の化学工場に動員された。「山積みの瓶詰の硫酸をリヤカーで工場に運ぶのが仕事だった」。製造したのは濃度三〇％の過酸化水素で、それを燃料廠で八〇％まで濃縮した。

秋水は五、六分の飛行に二トンの燃料が必要だった。五百機製造する計画で、そのためには濃度三〇％の過酸化水素溶液が月産一万二千トン必要だったが、生産能力は全国でも月産二百トンしかなかった。増産するにも電極に必要な白金が入手できなかった。「日本の化学工業はすでに破滅していた。まったく話にならな

い無謀な計画だった」と菊田さんは指摘している。

四五年七月に秋水の試験飛行が横須賀で行われたが、失敗しパイロットは死亡した。そして敗戦。実際に飛ぶことなく終わった。

◇　◇

半年前の病気見舞いを思い出したのは、昨今の北朝鮮情勢がきっかけだった。制裁強化に石油を止めるべきだとの主張が出ている。

万が一にも石油制裁が始まり、そのために戦争になった場合、石油が戦争の原因だと考える人はどのぐらいいるだろう。そこに至る長い経緯を今日に生きる私たちは目撃しよく知っている。契機か節目ぐらいにとらえるのが一般的では。

それに対し、かつて日本が受けた石油制裁はどうとらえているだろう。本郷台で代用燃料を開発した背景にあった制裁である。〈ＡＢＣＤ包囲網〉という用語はよく知られ、米国との戦争の原因と考える人は多いのではないだろうか。

ところが、北朝鮮情勢が提示する視点で、歴史を見つめると別の姿が浮かび上がる。――〈ＡＢＣＤ包囲網〉は原因ではなく、それまでの経緯の結果だったのではないか――。

そこに至る道のりをたどると、泥沼に陥った中国との戦争が見えてくる。米国との戦争をしたのはなぜなのかを考えるには、どうやらそこまで視界を広げることが必要なのだろう。発端となった盧溝橋事件があった七月七日が間もなく巡ってくる。今年は八十年という節目に当たる。

ちなみに葛城さんはすっかり回復。「そろそろ卒業したいんだが」と語りながら研究に励んでいる。


（二〇一七年六月十七日掲載）


不条理や理不尽、その究極の形が戦争なのだろうと「秋水」の資料を読みながら思うしかなかった。B29を迎撃する戦闘機の構想は、記憶のどこか片隅におぼろげに眠っていた。きっと子どもの時に読んだ少年雑誌ででも見たのだろう。

だが、取材してその実態を知ると言葉を失った。高速で高空まで達するが、飛べるのはほんの数分だという。ひたすら空を駆け上り、すれ違いざまに槍を突き刺すようにB29に一撃を加えるという戦法だという。素人考えでもまったく現実感を覚えない。調べれば調べるほど絵に描いた餅にしか思えない。燃料にしても生産能力はまったくなかった。

それが戦争というものだ、と言う人もいるだろう。だが、冷静に考えれば、もう戦うことのできないことは明白だったはずだ。それを認めたくないために軍人が描いた空想的な兵器構想の一つだったとしか思えない。ドイツから潜水艦で運んだことが強調されるが、それは空想を補完する舞台装置のように思える。ちなみに松の根から油を絞るという方法もドイツから教わったことを知った。その辺が、三国同盟の協力の実情だったようだ。

さらに戦後の空間を考えないわけにはいかなかった。日本は石油を止められたので戦争をするしかなかった、という論理がなぜ通用したのかである。

だれでも間違いは認めたくない。まして失敗が大きければ大きいほど認めたくはない。間違ったけれども、それは仕方なかった、そんな思考回路が社会を覆っていたのではと思えてならない。さらにそれはいつのまにか、間違ってはいなかったという論理へと方向を変えているのではないだろうか。

第四章　戦後という空間

九十歳になろうという郷土史家が、「戦争を知らない人のための戦争講座」をするという。少し驚いたのは、老人クラブの会員が対象だと聞いたからだ。「何も知らない人が増えていましてね」との言葉に、戦後と呼ばれる空間も随分と長くなったことを痛感した。

「もはや戦後ではない」との言葉が登場したのは戦争が終わって十一年後のことだった。フォークソング「戦争を知らない子供たち」が発表されたのはその十四年後のことだから、それからすでに半世紀近く経っていることを思い起こせば、「戦争を知らない老人」が多くなっているとしても不思議ではない。明治が始まってから米国との戦争に負けるまでが七十七年なのだから、それとほぼ同じ規模にまで戦後は広がっている。戦後をいくつかの時期に区分して考えるべきだといった考えが提起されるのも当然のことだろう。

誰もが腹をすかしていた、誰もが貧しかった社会。敗戦から間もなくに、そんな時代があった。そうした経験や記憶も後世に伝える努力が必要な段階を迎えつつあるのかもしれない。つい昨日のことのようにも思えるのだが。

一　鎌倉アカデミア創立七十周年（第二十五話）

鎌倉の光明寺は浄土宗の大本山。鎌倉時代の創建で大きな門の先には材木座の海岸が広がる。この寺に若者が集まり始めたのは一九四六年五月のことだった。開山堂を教室にして鎌倉大学校が開校した。

「すごい学校ができる。戦争に反対していた偉い人たちが先生になる」と一期生の加藤茂雄さん（九〇）は知り合いに教えられた。栃木の陸軍基地で敗戦を迎えた加藤さんは、鎌倉に戻り漁師の手伝いをしていた。

母体となったのは鎌倉文化会。鎌倉在住の画家や演劇家らが敗戦三カ月後に立ち上げた。そこでの「自分の頭で考える人間づくりが必要だ」との声が大学設立へと発展した。設立準備委員は七人。うち四人は町会長が名を連ねている。

教授集めに走り回り、設立認可は知事との直談判で取り付け、半年で開校にこぎつけた。当時は珍しい男女共学で、産業、文学、演劇の三科を設けた。「いくさに負け心も体も疲れ切った若者が集まってきた」と振り返る加藤さんは演劇科を選んだ。

鎌倉でも随一の大きさを誇る山門を背にした産業科の記念写真。大船へと移る1948年春の撮影＝鎌倉市中央図書館蔵

教室はお堂をベニヤ板で仕切り、畳に座っての授業だった。先生の声にお経が重なって聞こえたという。

◇　◇

施設は貧弱だったが、教授陣は豪華だった。世界文学を林達夫、日本近世史は服部之総、演出論は村山知義、仏文学を中村光夫、古典文学を西郷信綱、東洋文化史を三上次男……戦後の学界や文化界を主導する顔ぶれが授業を担当した。

焼け野原の東京に比べ、空襲を受けなかった鎌倉は暮らしやすいという事情もあったようだが、思想弾圧で戦時中に大学を追われた研究者も多かった。

教室の開山堂と本堂をつなぐ廊下にはギリシャ文字を彫った板が掲げられた。

――幾何学を学ばない者は、この門を入ってはいけない――

　プラトンの言葉だが、科学的思考を尊ぶ学校の理念を示すとして選んだ哲学の三枝博音も治安維持法に触れ大学教授の職を失った一人だった。

　授業には教授の個性と熱意があふれていた。

　二期生で劇作家の若林一郎さん（八四）は青江舜二郎の思い出を語る。「食べ物がなく、帰る頃には空腹で目が回りそう。それでも鎌倉駅まで歩いて三十分近く、その後の列車の中、さらには東京の先生のお宅でも演劇の話を聞いた」と語る。

寺のお堂での授業を示すひとこま。雑誌掲載のための撮影だったといい、普段は床に座っての授業だった＝鎌倉市中央図書館蔵

　屋外での授業を好み、情熱的に文学の魅力を語ったという歌人の吉野秀雄は校歌に相当する「学生歌」を作っている。

　いくさ　やぶれし　くにつちの
／おきて　ことごと　あたらしく

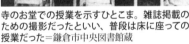

痛切な戦争体験を踏まえ新しい国をつくるのだとの思いが伝わってくる。

／もゆる　めばえに　さきがけて／ここに　われらは　つどひけり

◇　　　◇

だが運営は多難だった。制度が変わりお寺を宗教活動以外に使えなくなり、二年後に大船の旧海軍施設に移った。正式な〈大学〉と認められないとして〈鎌倉アカデミア〉と改称。財政面でも自立できず、五〇年秋に閉校に追い込まれた。

わずか四年半の学校だった。在学生は六百人とも八百人ともされ多くはないが、〈寺子屋大学〉などとして伝説的存在となっているのは、巣立った人材の多彩さもあるからだろう。

演劇科で加藤さんの同期生は二十五人だったが、その中には劇作家の津上忠、脚本家の広沢栄、演出家の増見利清、作曲家のいずみたく、放送作家・司会者の前田武彦らがいた。作家の宮野澄、山口瞳、沼田陽一らもOBだ。

加藤さんは俳優となり、黒澤明監督の「七人の侍」など多くの映画に出演したが、「助監督などとして同窓生がどこかにいて助けてくれた」と語る。

三枝博音は閉校時の校長として「始末記」を残し、存続できなかった理由として〈アカの風評〉を挙げている。敗戦直後には〈戦争に反対＝偉い先生〉と受け止めた社会の雰囲気が変わったことを示すのだろう。閉校は朝鮮戦争の勃発からほどなくだった。戦後日本の歩みを考える貴重な手がかりともなりそうだ。

（二〇一六年五月二十九日掲載）

戦後間もなく自主的に誕生した大学があった、と聞いてもにわかには信じられなかった。発起人は町会長が中心で、「自分の頭で考えなかった」ために戦争をしたという深い反省から始まったと知り、さらに驚いた。書き残されたものを読み、当時を知る人たちの話を聞いた。鎌倉駅から光明寺までを歩いてもみた。

戦争が終わった時に日本人が抱いた思いとはどのようなものだったのだろう。そうした作業を通して浮かんだのは、そんな疑問だった。

ピュリッツァー賞を受けた米国の歴史家ジョン・ダワーの『敗北を抱きしめて』が翻訳・出版されたのは二〇〇一年のことだった。敗戦直後の日本人が何を考えたかを外国人に教えられるのも不思議なものだと思いながら読んだのだが、知らないことばかりだった。「だまされていた」と記したある県知事の逸話はショックだった。当時の県知事は政府が任命する高級官僚である。その人でもだまされたなら、一般の民衆はどう考えればいいのだろう。その結果、三百万人以上が命を失ったのだが、誰がどうだましたのかを戦後の社会はきちんと問い詰め、清算したのだろうか。さらに、その知事が抱いた敗戦時の思いが持続しなかったのはなぜだったのだろう。

鎌倉アカデミアの取材を進めるうちに、かつて異色の学校があったという物語に終わらせてはいけないとの思いがしてきたのは、そうした経験があったからだ。この学校を誕生させた人々の思い、それこそが後世に伝えるべきことではないだろうか。

「初心忘るべからず」というが、鎌倉アカデミアには、戦争を終えたばかりの日本社会の初心が宿っていたように思えてならない。

二　「焼け跡に手を差しのべて」展（第四十六話）

敗戦後の焼け跡での厳しい暮らしぶりは映画やドラマでも繰り返し描かれてきたが、横浜都市発展記念館（横浜・日本大通り）で開催中の企画展「焼け跡に手を差しのべて」は多くの人にとって見たことのない世界だろう。誰もが生活に困っていた時に、忘れられそうな弱者を救おうとした人と組織に光を当てている。

ボーイズホームの入所児童の所持品だった靴磨き台＝社会福祉法人 福光会子どもの園蔵

「靴磨き台」。そう説明のついた木製の台は、使い込まれた形跡が明白だが、つやがある。大事にしていたことを伝えるのだろう。

中区にあった「ボーイズホーム」に入所した児童の所持品だという。戦争で親を失った孤児たちを保護したいと牧師の平賀孟らが敗戦翌年に、神社の境内で始めた施設で、気性が荒くトラブルを頻繁に起こす子どもを積極的に受け入れたという。靴磨きは路上で暮らす子どもの

平野恒（中央）と高風子供園の園児たち。木下恵介監督によるテレビドラマ「記念樹」（1966 ～ 67 年）のモデルともなった。1949 年＝社会福祉法人 白峰会蔵

生計の支えだった。いくらか小ぶりな靴磨き台は大切に抱えていただろう子どもの姿を思わせる。

◇　◇

敗戦後の生活の過酷さは何となく知っているつもりだが、目を凝らすと言葉を失う展示物が並ぶ。

一九四八年五月十八日付の「送致書」は中区長から高風子供園にあてたもの。戦前から児童福祉事業に取り組んでいた平野恒が中区本牧元町に開設した孤児施設で、「浮浪児」の収容を委託する文書だ。「保護を受ける者」の欄には、「女」「本籍不詳」「昭和二十年不詳月日生」とある。つまりこの女児は二歳か、せいぜい三歳だったのだ。その幼さで「浮浪児」とはどのような境遇だったのだろう。「火垂るの墓」のように守ってくれる兄がいたのだろうか。

孤児は疑いなく社会の弱者だが、知的障害のあ

る孤児となると何と表現したらいいのだろう。神奈川区にあった光風園は、横浜脳病院の院主だった須藤英雄が四七年に横浜の街を放浪する障害児を保護したことをきっかけに開設され、米軍の援助で運営された。

白百合母子寮の子どもたち。ミルク供給のため乳児保護協会の会長、黒川フシが戸塚区で白百合農園を始め、その中に生活に困っている母子家庭のための寮を設けた。昭和20年代＝社会福祉法人 乳児保護協会蔵

県内でのこうした弱者保護活動は金沢区の金沢郷で始まった。続々と戻ってきた海外からの引き揚げ者の中には行く当てもない人が少なくなかった。住む場所も食べる物もない。そうした人たちを助けようと敗戦の年の十一月に旧海軍の施設を利用し始め、乳児保護協会、幼年保護会、総持寺社会事業部など十一団体が参加した。

米軍人と日本女性の間に生まれた子どもの施設といえば大磯町のエリザベス・サンダース・ホームが知られるが、横浜にもあった。山手町にカトリックの修道会が開設した聖母愛児園。厚生省の五二年の調査によ

ると、十人以上の混血孤児を収容する施設は全国に五カ所あり入所総数二百九十一人。うちサンダース・ホームが百二人、聖母愛児園が百三十九人を占める。占領政策の拠点となった神奈川の特別な環境を示している。

聖母愛児園はシスターが運営した乳児と女子のための施設だった。男児は成長するといることができなくなり、新たな施設が計画されると、予定地で反対運動がおこった。完成しても、バスで一時間かけ横浜の学校まで通った。多くの子は養子として海外へ渡った。

◇　◇

展示を企画した調査研究員の西村健さんは、都内の歴史資料館で戦争被害者の聞き取り調査をしたことがあった。昨年春に発展記念館に移り、その経験をいかそうと考えたが、都内にはある孤児会のような組織が見当たらない。そこでそうした弱者を保護した組織を探して巡ると、大量の資料が残っていたという。

「毎日死者が出る過酷な状況で、危機にある人の命をつなぐ活動が民間主導で動いていた。その事績の大きさに驚きました。公的には記録されなかった歴史ですね」と西村さん。

社会福祉活動の原点を見る思いがする。それにしても戦争に翻弄された少年や幼児たちは、その後どのような人生を歩んだのだろう。穏やかな老境を迎えているだろうか。

（二〇一六年十一月二十七日掲載）

空襲で一面の焼け野原になってしまったのは、日本列島の主要な都市に共通したことだった。だが、横浜には他の都市とはかなり異なる戦後があった。

日本を支配する米軍の拠点となったというのは、その要素の第一に挙げることができるだろう。米軍人との間に生まれた子どもの施設として「全国に五カ所」と原稿に記したが、そのうちの一つの北海道の施設は、横浜で収容しきれないための分院的存在だった。

もう一つは、その米軍のために市の中心部が広範囲にわたり接収されたことだった。瓦礫をブルドーザーで押しのけて施設ができていったというような目撃談を聞いてきたが、この接収はその後の横浜の都市開発に大きな影響を及ぼした。戦災からの復興のシンボルとして他の都市では街を貫く広い道路といったものがあるのだが、横浜の中心部には見当たらない。全体的な都市計画など立てようがなかったのだ。

それに加えて、この接収によって、戦前あった地域社会の復活が阻まれたことも指摘しなくてはいけないだろう。横浜の空襲は被害の実態が不明なのが大きな特徴だ。何人が死んだのかをめぐっても、役所による公式見解からは大きくかけ離れた数字がいくつも提示されている。なぜそのようなことが起きたのかと探ると、誰が死んだのかさえ確認できなかったという状況が見えてくる。

野坂昭如の「火垂るの墓」は神戸の空襲が舞台だったように、空襲の被害を描いた文芸作品が各地で生まれたのに、横浜では見当たらない。そんなことを指摘する声も聞いた。他の都市とは何か異なる状況が横浜にはあったことだけは確かなようだ。

都市発展記念館は小さな博物館だ。視点によって、きらりと光る企画を実現できることをよく示していた。地域の博物館のだいご味ともいえる展示だった。

三　集団就職の「トランジスタ娘」（第二十一話）

春もたけなわ。進学、就職と旅立ちの季節。そんな折に昨年出版された一冊の本に出会った。『舎監』せんせい」（本の泉社）。副題に――集団就職の少女たちと私――とある。川崎の工場にあった女子寮の昭和三十年代の記録だ。

筆者の鈴木政子さん（八一）が藤沢市在住と知り、話を聞きに出かけた。

「この子たちと一緒でした。この時は全員が十五歳か十六歳でした」

古いアルバムを開いて、「昭和三十四年十月　箱根十国峠」と記された写真を示し説明してくれた。舎監として働き出した年の秋の遠足だという。屈託ない笑顔の少女たちが写っている。

経済白書が「もはや戦後ではない」と宣言した三年後、現在の天皇・皇后両陛下の結婚に日本中がわいた年だ。

◇　　◇

鈴木さんは東京の出版社に勤めたが体調を崩して退社。すると大学の恩師が「教員資格のある女性を探している」と紹介してくれた。川崎市中原区の南武線沿線にある電子機器工場だっ

箱根にでかけた秋の遠足。セーラー服姿が目につく＝鈴木政子さん提供

た。

五つある女子寮の一つを任された。百人近い寮生は東北地方の中学をその年に出たばかり。勤務先はトランジスタ工場だった。

戦争で壊滅した日本の製造業の復興は、重工業中心に始まったが、一九五五年ごろからラジオなどの民需が拡大し、真空管に代わる重要部品としてトランジスタが脚光を浴びていた。

鈴木さんの会社では前年に工場を新設し、細かな作業を必要とすることから女子工員を大量採用。「トランジスタ娘」と呼ばれた。

十二畳の部屋に六人暮らしで勤務は二交代。午前五時からの早番に合わせ、寮生を起こすことから鈴木さんの毎日の仕事は始まった。

仕事を終えた寮生には授業があった。洋裁、和裁、茶の湯、生け花、手芸、国語、社会の7科目があり、ペン習字や編み物などの選択科目もあった。寮生の向学心は高かったが、扱いは教養講座だった。

寮の前には県立高校があった。その校庭を眺めては複雑な思いを募らせる寮生が多かったという。「みんな高校に行きたかったのです」と鈴木さん。五九年の高校進学率は全国平均で五五％ほどだが、北東北では一〇ポイント以上低く、女子はさらに数ポイント低かった。夜間授業の高校はあったが、二交代勤務の寮生は通えなかった。

鈴木さんは国語を教え、「お母さん」の題で作文を書かせたことがあった。作品を読ませると、たちまち泣き出した。代わりに鈴木さんが朗読すると教室の全員が泣いてしまった。「みんな精いっぱい頑張っていたのですが、まだ少女。泣いてばかりいました」

◇　◇

かつての寮生は七十歳を超えた。同窓会は毎年続け昨年も二十人以上が参加した。「あの娘たちが高度経済成長を担ったのです。忘れられてしまうのは寂しいです」。そうした思いから、当時の記録や作文をもとに本を書き上げたという。

鈴木さんに確認したいことがあった。『横浜市史』（二〇〇三年刊）に記されている「集団就職列車」の風景。男子は大部分が学生服、女子は八割がセーラー服だが、そうした制服はいずれも新調だ――と六八年の新聞報道を引用し紹介し、「集団就職者たちは、進学ではなく就職を選択したといいながら、高校生活への捨てきれない夢を表現している」と評している。

「何か特別なケースなのかもしれませんが、私の経験ではセーラー服を新調するなんて考えられません。集団就職とはそんなものではありませんでした」

鈴木さんの答えにためらいはなかった。十国峠の写真でも何人かがセーラー服姿だが「これは全部中学の制服です」と指摘。

そのうえで「こつこつ蓄えて洋服を買うことを楽しみにしていたのですが、勤めて半年では外出着を買えなかったのです。つい先日まであった貧しさの記憶や経験が社会から失われているのではありませんか」と鈴木さんは語った。


（二〇一六年四月二日掲載）


この記事が掲載されてほどなく、取材でお世話になった鈴木政子さんから手紙をいただいた。話を聞かせてもらえないかとの依頼がＮＨＫからあったとの内容だった。その後、寮生が集まり、体験談を語ることになったとのお知らせも届いた。

そうした実話は二〇一七年春から放映されたＮＨＫの朝の連続テレビ小説「ひよっこ」の参考になったという。有村架純が主役で、東京五輪の直前に茨城から東京に集団就職で出てきた女の子の物語だった。

若い日の思い出がよみがえるという喜びの一方で、「どこか違う」という思いを抱きながらドラマを見たかつての寮生も多いのです、と鈴木さんから聞いた。

何が違和感なのか。一番大きいのは主人公の設定だという。ドラマは主人公がバスで高校に通うシーンから始まっていたが、それは果たせない夢だった。「全員が中学しか出ていませんでした」と鈴木さん。そんな集団就職はありえないことだとの思いがあったようだ。

なぜそのような設定にしたのか、そうした経緯を取材したいと申請したのだが、番組の背景については明らかにしないのが原則だとしてNHKには応じてもらえなかった。

そのために理由を当事者から聞くことはできなかったが、明白な気がした。十五歳で親元を離れて働く、あるいは高校に進学しないという大勢の若い女性の姿が、今日では想定しにくい、あるいは見る人の共感を得にくいということなのだろう。わずか半世紀ほど前のことなのだが、大きく社会が変わったことを示すのだろう。

鈴木さんは、この工場の系譜を引く施設を山形まで見学に行った。そこは人影のまばらな工場だった。ロボットが黙々と動くのを見ながら、「あれが、あの子たちの手だったのだと思いました」との言葉が記憶に残った。

四　三浦半島の富士信仰（第二十九話）

横須賀の三浦富士は標高一八三メートル。サイズはいささかコンパクトだが、世界遺産の本家に劣らず信仰の山として知られてきた。特に女性と漁師の信仰を集め、最大の呼び物だった毎年七月八日の山頂祭には、三浦半島一円から参拝者が集まり、登山道は人であふれ大漁旗で埋まったと伝わる。

だが、そのにぎわいが廃れ、祭りは昨年ついに途絶え、今年も行われない。江戸時代から続いたという伝統の行事が消えようとしている。なぜなのだろう。

三浦富士の山頂祭とはどのような行事なのか。横須賀市長沢の〈先達〉斉藤義次さん（八五）に聞くと、先達による〈お焚《た》き上げ〉がその中心だという。線香を富士山の形に積み上げ、「家内安全」「安産祈願」など願い事を記したお札《ふだ》をその火で清めるもので、手ぬぐいや肌着など身につける物を持ってきて清めてもらう人も多かったという。

かつては二十ほどあった富士講ごとに〈お焚き上げ〉をした。山頂は狭く、順番をくじ引きで決めたが、半日待つこともあった。

連なる山並みの左端の頂が三浦富士。海上からよく見え、漁師にとっては目印の山だった。横須賀市長沢

先達は富士信仰の行者で指導者だ。夏場に塩分を絶つとか、冬場に三十日間も水垢離《ごり》を続けるなどの行を重ね、富士山の中腹をひと回りする行を三回すると先達を名乗ることができた。

斉藤さんが十九歳で修行を始めた時、三浦半島には十五人ほどの先達がいた。それが今は斉藤さん一人。

◇　◇

富士山は古くから信仰の対象だったが、簡単には登れなかった。そこで富士講を組織し資金を積み立て、数年に一度、交代で登拝に出かけた。身近に参拝するためのミニ富士として富士塚が各地に築かれた。横須賀在住の民俗学研究者の佐藤照美さんによると、実際の山を富士に見立てたのが三浦半島の特徴。富士講には毎月の集会があり、信仰や教えを引き継いだ。

盛んだったころの山頂祭でのお焚き上げ。中央で祈るのが斉藤先達。女性の姿が多い。1983 年＝斉藤義次さん提供

山頂祭はふもとの長沢、津久井の二つの地区の氏子により支えられてきた。

長沢地区の氏子総代の斎藤修一さん（六八）は「人がめっきり来なくなった」と近年の状況を説明する。

三浦富士の山頂は自動車では行けない。テントや赤飯、飲み物などの物資は人を雇い運び上げる。お札の売り上げでそうした経費をまかなう仕組みだったが、人が来ないので赤字で維持できなくなったという。

氏子総代長の山田勇夫さん（六七）は「それは盛大な祭りだった。露店がたくさん並んでね、子どものころは何よりの楽しみだったから、自分の代で終わりたくはなかったよ。でも今無理をしても、次の世代ではもう続かない」と断念を決めた苦しい胸のうちを語る。

何が変わったのだろう。

佐藤さんは東京五輪のあった六四年に富士山に開通した観光道が転機だったと見る。「先達の引率がなくても、富士は観光バスで簡単に行ける山になった」。富士に四十五回登頂している斉藤先達が講を率いて登ったのは昭和から平成に変わるころが最後で、毎月の集会もその時期に姿を消した。

氏子総代長の山田さんは「時代の流れ」と考える。「高齢化も大きいよ。三浦富士は急な山だから登れない。漁師だって、豊漁の祈願よりも魚群探知機の方が頼りになるしね」

◇　◇

今年亡くなった民衆思想史の第一人者、安丸良夫一橋大学名誉教授は富士講についての研究を残している。

一見呪術的に思えるが、山岳信仰特有の呪術的性格を否定したのが江戸時代に誕生した富士講の特徴だと安丸さんは分析した。飢饉・物価騰貴・一揆などの社会不安を背景に、病気治し・安産・雨乞いなど民衆の願いを引き受けることで信仰が広がったが、「正直・慈悲・情」などの道徳の欠如が危機の本質だと指摘し「まじめに家職をつとめ日常道徳を実践すれば、必ず救済と幸福が約束される」と教えたという。

斉藤先達も「世のため人のため」「ボランティアが大切だ」と説く。

不安な暮らしの中、気高く雄大な富士に人としてあるべき姿を見つけようという道徳の実践運動という性格が強かったようである。

江戸時代は地球が冷え込み、噴火や地震なども重なった。そうした厳しい環境でも列島に生きた先人たちは農地を広げ人口を増やした。それを可能にしたのは孝行・勤勉・倹約などを何よりの善とする倫理観だった。富士講はその伝道所の一つだったといえそうだ。

富士は変わることなく美しい。だが、その姿を観光の対象ぐらいにしか見なくなった人の心こそが何より変わったのではないのか。伝統の祭りが姿を消すと聞き、そんな思いが募る。

（二〇一六年六月二十六日掲載）

富士は信仰の山だった。今日とは異なり、簡単には登れなかった。そのために江戸時代には富士塚のように身近にお参りするための信仰の場が各地で整えられた。

そうした一つとして信仰を集めてきた三浦富士の祭りが姿を消そうとしていることを教えてくれたのは、横浜市歴史博物館の学芸員で民俗学者の刈田均さんだった。最後の先達である斉藤さんから話を聞くことができたのも、刈田さんと、地元で研究を重ねてきた佐藤さんの二人のお陰だった。そうした人たちの隠れた支えによってこの連載は初めて可能になってきた。

一番知りたかったのは富士信仰とは何だったのかだった。斉藤さんには、かつての写真を見せてもらい、装束や道具を見せてもらった。だが、それは私の中であまり上手に像を描いてくれなかった。納得できる存在としてどうも迫ってこなかった。

話を聞くうちに、富士信仰の核は、何年かに一度の富士登山ではなく、毎月の集会だったことが分かってきた。信仰心が消えたというより、信仰の基盤となっていた社会や家族が変わってしまったのだろうとの思いがした。毎月の集会では、信仰の儀式を行うと同時に、社会の常識や規範を学んだようだ。地域の結束の装置の一つとして機能していたのだろう。

「明治維新」で取り上げた丸山教も、こうした富士信仰の流れをくむものだった。独自の唱え言葉が生まれるまで、丸山教では「南無阿弥陀仏」、つまり念仏を唱えていたという。様々な宗教の要素が習合し、民衆が信じやすい教えを形成していたことを示すのだろう。

そうした信仰が姿を消すという段階に際会して、思うのは、それに変わる神も仏も見いだせないでいる現代人の姿だ。ひたすらすがっているのはスマホだが、それならソーシャルメディアは現代の富士講なのだろうか。そんな思いがするものの、そうだとも思えない。

五　藤沢の障害者団体がたどった戦後（第五十八話）

藤沢市視覚障害者福祉協会（藤視協）が創立七十周年の記念大会を二十五日午前、市民会館で開催する。目の不自由な人たちが集まり戦後ほどなく発足。歩んだ経験を後世に伝えたいと記念誌も作った。障害者をめぐる環境はこの間、どのように変わったのだろう。

藤沢市鵠沼の公民館で二月初旬の日曜日、藤視協の学習会が開かれ六十人ほどが参加した。五十六人の会員の半数以上が集まり、残りはガイドヘルパーやボランティアの市民だった。

「障害者自立支援法で外出を支援するガイドヘルパーが制度化され動きやすくなりました。自力で歩けるか家族の介助がある人しか以前は集会に参加できませんでしたから」と鷲見寿子さん（七八）。自立支援法が成立した二〇〇五年から会長をつとめている。

それ以前のことは元会長の小野寺秀夫さん（八四）が語ってくれた。

「戦時中は軍国教育が厳しく、障害者は戦争の役に立たない穀つぶしとされました。相模原の昨年の事件と同じような考えです」

◇

◇

人波で埋まったヘレン・ケラー歓迎国民大会。障害者福祉は日本社会民主化の一環として始まったようだ。1948 年、東京・皇居前広場

社会の雰囲気が変わったのは一九四八年だった。マッカーサー元帥の賓客としてヘレン・ケラーがやって来た。天皇・皇后両陛下に会い、「歓迎国民大会」では会場の皇居前広場が人の波で埋まった。

傷痍軍人対策ぐらいしかなかった日本社会を民主化する米軍の政策の一環だったのだろう。朝日新聞の社説は「最も偉大な民主主義者」とヘレン・ケラーを紹介し、「現在のように苦しい時に最も被害を受けるのは障害者。日本人の心は変わったのだ」と呼びかけている。

翌四九年に身体障害者福祉法が制定され、藤視協の前身組織が発足した。

五五年に市内の障害者団体を統合する組織が誕生すると藤視協はその一部会に。「発言力が強かったのは傷痍軍人でした。お国のための名誉

70周年の記念誌。障害者と支援者のメッセージを盛り込んだ

の負傷、他の障害者と一緒にするなという考えで、私たちの声はなかなか聞いてもらえなかった」と小野寺さんは振り返る。

点字の講習会や競技会など部会独自の活動に力を入れた。六三年に市中央図書館が点字書の扱いを開始。点訳奉仕会、録音ライブラリーなどもスタート。記念誌にはそうした活動に携わった市民の声も収録した。

学習会では東洋英和女学院大学の石渡和実教授が障害者福祉制度の歴史を解説した。話は米国での公民権運動から始まった。人種差別を撤廃する公民権法が六四年に成立し、その精神を障害者に拡大したＡＤＡ法が九〇年に誕生した。「障害のある人が、障害のない人と同じく生きることを保証した差別撤廃法でした」

二〇〇六年に国連で「障害者権利条約」が採択された。「尊厳ある生き方をするために、障害者が頑張るのではなく、バリアーのない社会に変えることが目的で、生活のあらゆる場面で同じように暮らせる平等を掲げました」と石渡さん。

障害者自立支援法に続く障害者総合支援法、障害者差別解消推進法といった日本での動きも、そうした流れを受けたものだという。

◇　　◇

振り返ると、日本の障害者政策は海外の影響を受けて変化してきたことが見える。そうして導入された政策はどこまで社会に定着したのだろう。法律や施設は整備されたが……という声が聞こえる。

学習会の会場でも最近のやるせない体験談が。「そば屋で〈予約制だから〉と入店を断られた。そのわきを後から次々と客が入っていくんだ。おかしいよ」

小野寺さんは若い時に駅のホームから転落した経験がある。「点字ブロックが整備された現在も、転落事故は後を絶たず胸が痛みます。駅のホームは恐怖。気づいた人が声をかけてくれることが何よりも事故を防いでくれるのです」

鷲見会長は「家にこもり外に出ることのない障害者が依然として多いことが気になる」という。会員の数は障害者手帳を持つ人の一割にも満たないという。

五輪・パラリンピックで〈レガシー〉が語られたのは九六年のアトランタ大会からで、ＡＤＡ法の成果だったという。「東京大会で何を残すのかが問われていますが、大切なのは心のバリアーを取り除くことです」と石渡さん。

市民一人ひとりが身近な〈レガシー〉を残すことを意識することが求められているのだろう。

■障害者をめぐる戦後史

一九四八年　ヘレン・ケラー来日
　四九年　藤沢市盲人福祉協会創立
　　　　　身体障害者福祉法制定
五一年　藤沢市が点字図書の購入を開始
五五年　藤沢市身体障害者福祉協会設立
六〇年　ローマで第一回パラリンピック
六六年　藤沢市点訳奉仕会発足
七〇年　障害者基本法制定
七二年　藤沢に「耳から聞く図書館」誕生
七五年　藤沢市点字図書館開館
　　　　国連「障害者の権利宣言」採択
七七年　藤沢市録音奉仕会発足
八一年　国際障害者年

九一年　藤沢市誘導奉仕会設立
二〇〇五年　藤沢市視覚障害者福祉協会が独立
〇六年　障害者自立支援法施行
　国連で「障害者権利条約」採択
一三年　障害者総合支援法施行
一六年　障害者差別解消推進法施行

（二〇一七年二月二十五日掲載）

小学校の図書室に並んでいた偉人伝。ヘレン・ケラーはその中の一人として欠かせない存在だった。街中の公園でヘレン・ケラーの銅像に出会うこともある。障害を乗り越える導きをしたサリバン先生は、理想の教師の代名詞でもあった。

だが、そうしたヘレン・ケラーのイメージが、日本でどの段階で始まり、定着したのかは、この取材をするまで知らなかった。

ヘレン・ケラーは戦前にも日本を訪ねていた。知る人ぞ知るという存在だったようだ。

ところが、戦後の一九四八年の訪日は、実態として国賓、いやそれ以上の歓迎だった。

当時の新聞を探し出し、皇居前の広場での集会の写真を見て驚いた。なぜこれほどの人が集まったのだろうというほどの人波だ。

新聞の記事を追い掛けると、まず米軍機で山口県の岩国基地に降り立ち、そこから汽車で東京に移動している。天皇・皇后との会談をはじめ、主要な行事は東京でのことだ。なぜ岩国だったのか。占領軍の狙いは明確なように思える。より多くの日本人にその姿を見せたかったからだろう。ヘレン・ケラーは障害を克服した偉人というにとどまらず、日本に浸透させたかった民主主義の体現者という役割を米国が求めたことが浮かび上がってくる。日本は変わらなくてはいけない。日本は以前の日本とは違うのだ。そんな意識を日本人に持たせる象徴だったともいえる。

だが、戦後の日本が障害者に優しい社会だったとは決していえない。それは障害者の苦難の歩みであるだけでなく、日本社会おいて民主主義がどれほど定着したのかという指標でもあるのだろう。年表を作りながら、日本における施策の多くが、世界の流れへの追従であることも知った。足元の歴史から、「日本社会とは」が見えて来る。

六「川崎の環境」市職員OBら冊子（第二十二話）

川崎市で公害の歴史をまとめる活動が進んでいる。京浜工業地帯の中核として高度経済成長を担った川崎は大気汚染をはじめ深刻な公害に苦しんだ。その対策に取り組んだ市役所OBたちが「記録と経験を伝えなくては」と取り組んでいる。

◇　◇

活動母体のNPO「環境研究会かわさき」は二〇一二年の発足。公害がひどかった一九七〇年代に市の公害研究所に勤務した技術者たち三十人ほどが集まった。

理事長の井上俊明さんは六十九歳で、一九七〇年に市役所に入った。「青空が見えるのは正月の三が日だけといわれていました」。東海道線から海側はほぼ全域が公害病の指定地域。洗濯物は真っ黒になったという。

五年後に就職した副理事長の柴田幸雄さんは、都内の高校に通っていた時に、社会の先生の引率で公害見学に川崎に来たことがあった。「バスに乗っていたのですが産業道路周辺では前がよく見えなかった」

1972 年に撮影された川崎の工業地帯。工場からの排煙による大気汚染が深刻だった

ＮＰＯでは「川崎の環境　今・昔」という冊子をまとめている。第一巻として一昨年「大気編」を出したのに続き、今年は第二巻「大気汚染・自動車対策編」を完成させた。

環境汚染の推移を教えてくれる。煤塵《ばいじん》、降灰、水質汚染などは早くも大正時代に始まり、昭和になると工場立地が一段と進み、悪臭ガス、汚水によるノリへの被害、井戸の枯渇などが発生している。

戦後は復興が本格化したころから大気汚染が目につくようになる。一九五五年には、イチジクの葉が一夜で落ちてしまい、葉からは硫黄が検出されている。

大気汚染のピークは六〇年代後半から七〇年代だった。「激甚な公害」との文字が目を引く。どのぐらいひどかったのだろう。ついつい聞きたくなった。――現在の中国と比べたら、どちらがひどいのですか――

測定の基準が違うので、当時と今を数値で比較することはできないというが、「ほとんど同じでしょう。中国の光景はテレビで見るだけですが、あんな感じでした」と井上さんと柴田さんの見解は一致していた。

水俣病などに比べると公害としては軽度のイメージもあるが、「川崎の海は戦前から汚くて、魚は食べようがなかっただけ。水俣は見た目は美しい海があったための悲劇だった」とも。

2巻まで刊行した「川崎の環境　今・昔」。次巻のテーマは「廃棄物」の予定

◇　　◇

早急な対策が必要だったのは大気汚染だった。〈煙突千本〉と称され、「川崎の繁栄は煙突のお陰」との意識も強かったが、あまりにひどいと市民が声をあげるようになった。

七一年の市長選は公害対策が大きな争点になり、「青い空、白い雲を取り戻せ」と訴えた伊藤三郎・革新市政が誕生。翌七二年には公害防止条例を制定し、国の環境基準よりも厳しい環境目標値を設けて総量規制に乗り出した。〈川崎方式〉と呼ばれた。拠点として市公害研究所も完成した。

七九年には硫黄酸化物が市の目標値を達成した。「私たちはある意味ラッキーでした」と井上さんらは振り返る。硫黄酸化物は、工場で硫黄分の少ない燃料を使うようにすることで低減できた。その対策が一段落した後で、自動車が主原因の窒素酸化物と向き合うことになったが、「燃焼すると発生する窒素酸化物を減らすことはさらに難しかった」という。中国の対策が難しいのは、硫黄酸化物と窒素酸化物が、産業と民生の両面から同時に発生し、しかも自動車が多いことだ――と経験から分析する。

川崎ではディーゼル車の対策などに取り組んだが、通過車両が多いため効果は薄かった。窒素酸化物の基準を初めてクリアするのは二〇一三年のことだ。

かつては公害局まであったが、二〇〇八年に公害部が環境対策部に改称し、川崎市役所から「公害」を名乗る部局は姿を消した。

最後の公害部長だった林久緒さんもＮＰＯの会員。「川崎の大気汚染の現状はかなり微妙な所にあるのです。産業構造の骨格は変わっていないし、発電所は増えている。公害が終わったとは簡単にはいえないでしょう」

（二〇一六年四月九日掲載）

取材の手始めに、新聞を調べることがある。当時の様子をたどるのには分かりやすい。近年はデータベース化が進み、簡単に検索できる。公立の図書館や大学などでも利用可能だ。

「川崎」「公害」。そんなキーワードで検索してみると、相当の数の記事がヒットした。だがそれは想像した以上に深刻な内容だった。かなりの頻度で人が亡くなったことを伝えていた。「公害病」という言葉も目に付いた。「太陽を失ったまち」といったタイトルの連載も見つかった。

どのぐらい深刻だったのだろう。数値で知りたいと思った。だが、当時とは測定の基準が違うことを知った。大気中の粒子状物質とし、今日ではＰＭ二・五という指標が知られるが、当時測定していたのはＰＭ一〇・〇以上だったという。「その辺を何か物体が飛んでいる、そして落ちてくる。そうしたことが肉眼ではっきりと見えましたから」という。

それほどの公害を、どのようにして克服したのだろうかに関心は移った。ところが話を聞くと、どうやらそれほどおめでたい状況ではないことを知った。窒素酸化物の基準を達成したのはつい数年前のこと。それもいつまで維持出来るのか決して楽観できないという。

どうやら今日の日本社会の生活環境は、勝手に思い込んでいるほど盤石な基盤の上に存在しているのではないようだ。中国からの観光客が、「日本の空は青い」と驚いたといった話を聞いて喜んでばかりはいられないようだ。

七　国鉄鶴見事故から五十三年（第四十五話）

案内なしにはたどりつけそうもない民家の軒先に石の五輪塔が立っている。横浜市鶴見区岸谷の線路脇。一九六三年に発生し百六十一人が死亡、百二十人が負傷した国鉄鶴見事故で遺族会が現場に建てた供養塔だ。

事故から五十三年に当たる九日の午前、その前に二十人ほどが集まった。黙禱し献花。冥福を祈った。地元の岸谷第四自治会による慰霊祭で初の試みだという。

自治会長の持丸留久さん（六九）が動機を語る。

「国鉄の戦後五大事故に数えられ、亡くなった人は船の事故を除けば最も多いのですが、自治会の役員でも知らない人がいる。時間が経ち遺族も高齢化。悲劇を地元で後世に伝えなくてはと考えました」

事故を忘れたというよりは地元意識が生まれにくかったと持丸さんは考える。

京急線の生麦駅の山側が岸谷で、法政大学女子高校の一帯が自治会のエリアで約五百戸。当時からの家は五十戸はあっても、百戸はないだろうという。社宅が多かったという。

現場はＪＲなら鶴見―新子安の間だが、京急線では鶴見は二駅先だ。「これが〈生麦事故〉と呼ばれていたなら、新たに移り住んだ人の意識も違っていたでしょうね」とも。

◇　◇

どんな事故だったのか。真生田一昭さん（七四）が教えてくれた。

――家族でテレビの人気番組「ルーシー・ショー」を見ていたら、ガタガタガタドーンという音がした。外を見ると、貨物列車が脱線、上り旅客線にはみ出していた。下り旅客電車は事故に気づいたらしく停車。ところが上りの旅客電車が走ってきて、脱線した貨車に衝突し、止まっている客車に乗り上げた。火花が雷のように明るかった――

真生田さんは飛び出し、けが人を運んだ。「明るくなって気づくと、着ているものが血だらけだった」

事故調査にも協力した。真生田さん

住民らが供養塔に花を捧げた。その先を電車がしきりに行き交っていた。横浜市鶴見区

衝突から一夜明けた鶴見事故の現場。中央左右に横たわるのが上り電車。現在は貨物線は地下化されている。朝日新聞社ヘリコプターから

の両親は東京のテレビ局に出かけて「ルーシー・ショー」を見た。発生時刻特定のためで、「音がした場面で手を上げて」と求められた。発生は午後九時五十一分ごろとされた。

貨物列車が脱線したのはなぜかが焦点になった。難航したが、最終的には、いくつかの要因が複雑に重なった「競合脱線」と判断された。北海道で大規模な実験を繰り返すなど国鉄はその発生のメカニズム解明に力を注いだ。

九一年の朝日新聞に鉄道技術者の解説が載っている。「貨車の性能や線路は当時と比べて格段に良くなり、競合脱線はまったくみられなくなった」とある。

だが二〇〇〇年に東京の地下鉄日比谷

線で五人が死亡、六十四人がけがをする事故が発生。競合脱線が原因だった。完全にゼロにするのは難しいようだ。

ＪＲ東日本横浜支社は、鶴見事故を風化させてはいけないと受け継いでいるという。五十周年だった三年前に事故のジオラマを作り、支社内で展示。線路脇の慰霊碑は支社員が交代で掃除している。九日午前には支社長ら幹部がそろって総持寺の慰霊碑に参拝。「安全が最大の使命です」と安全企画室の阿部智弘副課長。

◇

この事故では哲学者三枝博音が犠牲になった。戦後間もなく鎌倉アカデミアの校長をつとめ、事故時は横浜市立大学長だった。三枝の没後五十年の記念誌を市大が一三年に刊行。そこでは「高度成長期の日本社会の歪みによってもたらされた不幸な事故」と位置づける。東京五輪を翌年に控え、新幹線の建設に力が注がれ、在来線の整備計画はなかなか進展しなかった――と指摘する。半世紀余を経てまた東京に五輪が巡ってくる。ここにも忘れてはいけない教訓があるのだろう。

自治会では慰霊祭をめぐり議論があった。「幕を張ったら」「テントぐらい用意しよう」などの声もあったが、簡素に徹し十五分で終了した。「続けることが大切。そのために負担は少なくしよう」との判断だという。「命の大切さや尊厳を子や孫に伝えなくては。殺伐とした事件が相次いでいますからね」と持丸さんは語った。

（二〇一六年十一月十二日掲載）

この記事をめぐってはいくらか苦い思い出がある。掲載して間もなく、ファクスが届いた。記事が間違っているのに、なぜ訂正記事が出ないのかという、かなり手厳しい文面だった。

指摘の趣旨は、事故があったのは横須賀線の線路なのに、横須賀線とはどこにも記されていない。間違いだから訂正しろというものだった。

問い合わせや質問には、できるだけ丁寧に答えることを心掛けてきた。読者に分からない記事を書いたとするとプロとしては失格だとの思いがあったからだ。

事故があったのがどの線路だったのかはくどいほど確認した。事情が複雑だからだ。当時この区間の線路には旅客と貨物という区別しかなく、事故に遭遇したのは大船から横須賀線へと乗り入れる電車で、鶴見付近では旅客線、つまり東海道線の線路を走っていた。その後、貨物線は地下化され、その線路を現在は横須賀線の電車が走っている。現在の常識からすると、横須賀線の事故に見えることによる誤解なのは明白だったので返事をしなかった。少し調べれば分かるだろうと思った。

　ところがファクスはその後も何度か届き、文面はさらに居丈高になった。いつまでも放置できないと考え回答を書き、ファクスで返信した。納得いただけたかは定かではないが、その後、ファクスは来なくなった。

　新聞記者は人間なので間違いはします。しかし、基本的な事項は、可能な限り確認をしています。どうぞもう少し信頼してお読み下さい。そうも書きたかったが、その信頼は日常活動の積み重ねでしか得られないだろうと自分に言い聞かせた。

八　冷戦を越えたピンポン外交（第百十話）

朝鮮半島をめぐる情勢が動き出している。二月の平昌冬季五輪を転機に、スウェーデンで開催中の卓球の世界団体選手権では韓国と北朝鮮の南北合同チームが誕生した。膠着した国際政治にスポーツが歩み寄りの場を提供したのは今回だけではない。思い出すのは冷戦下のピンポン外交。横浜では一九七四年にアジア卓球選手権があった。たどってみよう。

始まりは七一年の名古屋での世界卓球選手権だった。国際社会から遠ざかっていた中国の参加が実現した。

大会中に米中の選手の間で交流が始まり、敵対していた中国が米国選手団を招待。それを呼び水に七二年にニクソン米大統領、田中角栄首相が訪中し、国交回復へと進展した。

なぜ卓球に、それが可能だったのか。背景に国際卓球連盟（ＩＴＴＦ）の独自の思想が見える。

◇　◇

ＩＴＴＦ会長をつとめた荻村伊智朗（一九三二〜九四年）の自伝によると、（一）国旗・国歌を使わない（二）加盟は国単位ではなく協会単位。協会は国と国にまたがっても、国の中で分

横浜で74年にあったアジア卓球選手権の開会式。プラカードの文字をめぐり式の始まる30分前まで混乱した。横浜文化体育館

ピンポン外交の立役者だった荻村伊智朗。79年に国際卓球連盟の会長代理になり、87年に会長に選出された。選手としても「卓球ニッポン」の大黒柱として活躍し、世界選手権で12のタイトルを獲得した

割されていても構わない——を連盟創立以来の憲章としていた。

横浜アジア卓球選手権は中国が国際社会に復帰した段階で迎え、「卓球はアジアを結ぶ」がスローガン。

飛鳥田一雄市長（在任一九六三〜七八年）のブレーンだった鳴海正泰さん（八六）は「日本と国交のない国・組織の代表団の入国や扱いが課題でした」と振り返る。

北朝鮮、北ベトナム、ラオスといった国で、中でも難しかったのは南ベトナム解放戦線だった。「入場行進の国名表記をめぐり、法務省は〈南越〉にしろという。解放戦線は〈ベトナム南方共和〉でなければ帰国すると主張する。最終的に〈Ｒｅｐｕｂｌｉｃ　ｏｆ　Ｓｏｕｔｈ　Ｖｉｅｔｎａｍ〉と英文にし、末尾に卓球協会を意味する〈ＴＴＡＵ〉を添えることで乗り切りました」と鳴海さん。

飛鳥田市長の退任後、鳴海さんは市役所を去り関東学院大学教授となり、親しくなった荻村の要請で日本卓球協会の役員になった。

「一緒に行ってくれ」と鳴海さんが荻村に訪中を誘われたのは八五年。千葉で九一年に開催する世界選手権で韓国と北朝鮮の統一チームを実現したいとの構想を荻村は抱いていた。北朝鮮は八三年にはビルマで韓国大統領を狙った爆弾テロを起こしていた。課題は多く、まず中国の意向を確認したいとの考えだった。

北京に到着したのは八月下旬。中国側は荻村の提案に賛同。それればかりか「今からすぐ北朝鮮へ行け」と手配してくれた。

翌日、平壌に向かい、交渉が始まった。統一チームの提案には「検討しましょう」との返事。「事件は起こさないでほしい」と求めると、「起こしたことはない」との反応だった。

自由に使っていいと運転手付きで高級車を提供してくれた。初日の交渉を終え街に出た。どの店もがらんとしていて物がなかった。

二日目の話し合いが終わったのは夕方五時で案内役が帰ってしまった。日本人だけで外出しようと、「一番にぎやかな街へ行ってくれ」と運転手に頼んだ。

前日はがらんとしていた大通りに出た。街灯がつき両側に店が並んでいた。人がたくさんいて、腕を組んだカップルも歩いていた。

冷麺店を見つけ、入ろうとしたら追い返された。少し先にまた冷麺店があった。外から見ると着飾った客が数人座っていたが、入り口でまた追い出された。

店内には机と椅子があるだけで、それ以外は何もなかった。映画のセットのように表の見えるところだけの急造の繁華街だった。

運転手に聞くと、「よくあること」という。韓国の赤十字代表団が訪問中で、バスでそこを通る予定だと日本語のできる運転手は説明してくれた。

「とんでもないものを見てしまった。見なかったことにしようと荻村と決めた」と鳴海さん。翌日、行くと何もなくなっていた。「人生で一番驚いたこと。ずっと秘密にしてきましたが、もういいでしょう」と取材に明かしてくれた。

千葉では史上初の南北統一チームが実現した。「荻村の熱意と見識が可能にしました。本当に立派な友人でした」と鳴海さん。

◇　◇

ピンポン外交の背後には米中両国の事情があったことが明らかになっている。ソ連との国境紛争を抱える中国はソ連に抵抗するパートナーが必要だった。米国は泥沼のベトナム戦争への新たな展望を求めていた。

今日の情勢でも、冬季五輪を契機にした展開の背後に何があるのかに目を凝らすことが必要だろう。見せかけの街まで用意させた状況や思いのどこが、どう、なぜ変わったのだろう。

なおＩＴＴＦは五輪種目となるために八五年に憲章を改定し、「国旗・国歌を使わない」は姿を消した。


（二〇一八年五月五日掲載）

卓球の大会は、どの国の代表も中国人ばかりだ。そんなことを感じ、納得できない思いの人もいるだろう。荻村伊智朗の自伝を読むまでは、私もそうだった。

そもそもスポーツ選手とは何を競うのか。それは音楽家や画家といった芸術家と同じで、個人が鍛えた技量を競うものだ。芸術家はどの国に住もうと移ろうと構わず、優れてさえいれば作品も演奏も評価される。スポーツも同じであるべきだと国際卓球連盟は英国で発足した時に考えたのだという。

その遺伝子が今でも生きているようだ。

それに対して五輪に代表される国別対抗の競技は、あまりに当たり前の存在となっている。だから中国人ばかりの卓球大会に違和感を覚えることになる。

考えてみると、同じく英国発祥のラグビーの大会も似たような性格を持っている。世界に君臨した英国貴族ならではの視点、スケールの大きさなのだろう。

ピンポン外交という言葉には、どこか卓球を軽く見る語感がある。しかし、果たした歴史的な使命は大きく、それを可能にした国際卓球連盟の掲げた理念はさらに大きかったといえるだろう。

異なる理念が、新たな歴史の扉を開いた。ピンポン外交はそのように記録されていいはずだ。

話を聞かせてほしい、と鳴海さんには随分とお願いしてきた。断片的には語ってくれたが、肝腎な点になると「墓場まで持っていく」と口を閉ざすことの繰り返しだった。そうした中から、「そろそろいいかな」と語ってくれたのが、北朝鮮への旅だった。冷戦下の貴重な経験だ。これで歴史の証言として記録されるだろう。

おわりに

第百話に合わせ、私の思いとして次のような原稿を載せてもらった。

「神奈川の記憶」が百話を迎えた。二〇一五年秋の開始から二年五カ月をかけ節目にたどりついた。

ここまで続けることができたのは、何よりも読者の支えがあったからだ。取材に応じて下さった方々の力添えも大きかった。まず深く感謝の意を表したい。

「なんでそんなに歴史が好きなのですか」。そんな質問に出合うことがある。振り返ると小学三年の春から歴史の本さえ読んでいれば幸せな日々が始まっている。変わった人間に見えるかもしれないが、野球やサッカーに熱中する少年と何も違わず、気付けば還暦も過ぎ白髪頭になっていたというだけだと思っている。

それを仕事にしようとは考えたこともなかった。若いころは、ごく当たり前の新聞記事を書いていた。

■覆された歴史像

転機は一九九四年に青森で遭遇した三内丸山遺跡の出現だった。整然と並んだ木柱は直径一メートルもあった。重さは一本数トンと推定された。金属のない時代に、どのように伐採して運び、立てたのだろう……。相当な規模の人間集団の存在を物語っていた。

家族ぐらいの単位で食べ物を求め移動し暮らしていたという従来の縄文像を根底から覆すものだった。

驚きだった。だが、同時に疑問がわいた。当たり前と思っていた歴史像とは何だったのか。その答えを求めるうちに、記者活動の方向は変わっていった。

社会は成長するとの考えは戦後の日本で一般的だった。春になれば毎年給料が上がった。それを前提に、列島の歴史の始点である縄文は〈遅れた社会〉であると考え疑問も持たなかったのではなかったか。歴史とは見る人間の認識によって制約されるものである。

ソ連の崩壊で社会の段階的発展を説く歴史観が説得力を失った。バブル経済がはじけ、成長は所与の存在ではなくなった。温暖化の懸念など成長の限界が意識されるようにもなった。

年代測定や遺伝子分析など新たな科学技術が研究に導入され、成果が出始めた段階でもあり、様々な時代や分野で歴史が書き換えられようとしていた。

国内でも、隣国との間でも、歴史をめぐる争いがしだいに目立つようになった。何が違うのか。なぜ争うのか。歴史認識とはどのようなことなのか。

次々とわいてくる疑問への答え、ヒントを求めて国内外の研究者をめぐるようになった。様々な分野の専門家が、研究の成果を惜しげなく教えてくれた。

三内丸山遺跡で見つかったひすい。きれいな穴がうがたれている。一番大きな左端の石は 460 グラムも重さがある。1994 年撮影

■佐原さんに衝撃

国立歴史民俗博物館の館長だった考古学者の佐原真さんのことは一度紹介しているが、再度記したい。

三内丸山で出土したひすいをめぐり、「どこに価値があるか分かりますか」と問いかけられた。

大きく美しい、遠方から運ばれたものだといった考えを述べると、「それでは縄文人の思いは分かりません」とたしなめられた。

「このひすいの価値は、石ではなく、石にうがたれた穴、空洞にあるのです」と佐原さんは指摘した。

ひすいはダイヤに次いで硬い石だ。そこに金属を持たない縄文人がどのようにして穴をあけたのか。

「この穴は半端な時間ではあきません。この石を見た縄文人は、その空洞にどれほどの労力が投じられたかを読み取ったのです。価値はそこにあったのです」

何かにうたれたような衝撃を、二十年近く経った今も鮮明に覚えている。

この連載を始めるに当たりまずわいたのは、そのように個人教授してくれた数多くの研究者の言葉や考えを伝えたいとの思いだった。身近な歴史に応用すれば新たな視点、気づきを提示できるだろうと考えた。

新聞の可能性を追求してみたいとも考えた。ネットの普及で情報は膨大にあふれている。そうした中から信頼できる情報を選び出し提示することは、新聞が長年磨いてきた機能であり、最も得意とすることだ。新聞としては異形の連載かもしれないが、幅広く情報を集め精査し、確実な要素を組み合わせ、分かりやすい原稿に仕上げるという私の作業は、どこまでも新聞記者として身につけた基本動作によるものだ。

そうした思いがどこまで達成できているのか自信はないが、もう少しだけ書き続けてみたい。いたる所にあるはずの〈ひすいの空洞〉を探し、見つめる作業にしたいと願っている。

（二〇一八年二月二十四日掲載）

何やら偉そうなことを書いているが、深い考えがあって始めた連載ではない。

きっかけは二〇一五年五月、職場の朝日新聞横浜総局で寺西哲生次長（デスク）からかけられた一声だった。

「渡辺さん、何か書いてみませんか」

その年の暮れで還暦を迎えるのを区切りに、私は新聞記者人生に終止符を打つことを心に決めていた。目標があるわけでもなく、残りは半年ほどになっていた。何をするでもない私の存在は、若い記者の教育上、好ましくないものと映っていたのかもしれない。

戸惑いながら、尋ねた。「何かって、何を書くのですか」

すると答えは、「何でもいいですよ。好きなことを書いて下さい」。

どのぐらいの頻度なのか、どのぐらいの分量なのかと問い返すと、「すべてお任せします。好きなように書いて下さい」というのだ。

これには正直、悩んだ。サラリーマン生活にはほとほと嫌気がさしていた。

横浜市歴史博物館の鈴木靖民館長に相談した。国学院大学で古代史を講じられていたころから二十年近くにわたり教えを受けてきた私にとっての先生だ。

すると「博物館も歴史学も、とても難しく厳しい時代を迎えています。書き続けることができるのなら、そうした私たちの力になってほしい。あなたのような記者はほかにはいないのですから」と諭された。

具体的に何ができるのかを含め一月ほど考え、毎週の掲載を前提に書き始めることを決めた。新聞記者としての思わぬ余生の始まりだった。

歴史を主な取材対象として長らく生きてきた。個人授業をしてくれたのは佐原さん、鈴木さんだけではない。数え切れない多くの歴史家に、取材と称して教えを受けてきた。それは新聞記者としての特権だったのだから、読者に少しでも伝えるのは私の責任だろうと考えた。

新たな視点や知見、分析手法が生まれていることを知っていた。そうした新たな視角から身近な歴史を見つめたら、新しい記事が書けるのではとの思いもあった。

歴史というと、政治や軍事を中心に国の形にかかわる出来事や、英雄や偉人とされる人々の姿にとかく視線が向きがちだが、この地では、私たちと同じく名も無い人々が営々と暮らしと生命を引き継いできた。そうした目の届きにくい、あるいは記録されなかった足元の記憶を掘り起こし、それを従来とは異なる視点から見つめ、見たことのないだろう歴史像を描くことを目標とした。

新聞記者とはどのような職能なのかを日々、問い返しながらの作業となった。

私は学者ではありません。だから分かりやすく伝えます。

私は作家ではありません。だからフィクションは書きません。

私は評論家ではありません。だから自分で見つけた資料をもとに話を展開します。

実証性と物語性を高いレベルで両立させながら、新しい事実を分かりやすく読みやすい日本語で提示する。そんなことを目指す毎日となった。

ネット社会の到来で、新聞は大きな曲がり角にある。悩んでいる若い記者に、こんなこともできるのだという具体例を示すことができたならとの思いもあった。

タイトルは、フランスの歴史家ピエール・ノラが編纂した『記憶の場』(邦訳は岩波書店)から借りた。歴史学における一つの画期とされるシリーズで、フランス人の歴史意識がどのように形成されたのかを具体的な事実に即して分析した大著である。何が事実かということ以上に、それぞれの歴史的出来事がどのように人々に受け止められ、受容され、変化してきたのかを丁寧に分析し提示してくれた。

そんな世界的な名著に名前はあやかっても、新聞の記事である以上、読者に届けるのは当然ニュースでなくてはいけない。新たな発見や眠っている事実、更新された見解などを見つけ出さなくてはと歩き回った。

次第に、新聞記者が今の時点で歴史を伝えることの意味とは何かを自問するようになった。「何を知っているか」ではなく、当たり前だと思っている歴史像の正体や来歴を問うことが大切だとの思いが深まった。

そうした狙いや思いがどこまで実現できたのか自信はないが、各地で講演会に招かれるようになり、さらには企画展まで実現することになった。まったく望外の展開なのだが、この間に私のしてきた仕事は、自分なりに思い描いてきた〈歴史を伝える新聞記者〉の最終形であり、この本はその報告書のようなものだと思うようにもなった。書いた記事はさらに多い。続けて刊行できたならと願っている。

新聞掲載にあたっての横浜総局でのデスクワークは、六十話までを寺西哲生さん、七十八話までを中島耕太郎さん、それ以降は青池学さんに担当いただいた。面倒な仕事だったかもしれないが、気持ちよく書き続けることができるようにと心を砕いていただいた。そのほかにも多くの人に支えられた。特に名前は記さないが、深く感謝の意を表したい。

最後になるが、この連載は熱心な読者の支持により続けることができた。新聞の記事が短くなっている中で、徐々に行数が増えスペースが広がったのも、そのお陰だった。読んでもらっているとの実感が最大の励みであり、風邪ひとつひいてはいけないとの思いを持続させた。ご愛読下さった一人ひとりに心から厚くお礼申し上げる。

二〇一八年十月

渡辺延志

神奈川の記憶

平成三十年（二〇一八）十一月二十日　第一刷発行

著者　渡辺延志

発行者――松信　裕
発行所――株式会社　有隣堂
本　社　横浜市中区伊勢佐木町一―四―一　郵便番号二三一―八六二三
出版部　横浜市戸塚区品濃町八八一―一六　郵便番号二四四―八五八五
電話〇四五―八二五―五五六三
印刷――図書印刷株式会社

ISBN978-4-89660-229-6 C0221

定価はカバーに表示してあります。
落丁・乱丁はお取り替えいたします。
デザイン原案＝村上善男

有隣新書刊行のことば

国土がせまく人口の多いわが国においては、近来、交通、情報伝達手段がめざましく発達したためもあって、地方の人々の中央志向の傾向がますます強まっている。その結果、特色ある地方文化は、急速に浸蝕され、文化の均質化がいちじるしく進みつつある。その及ぶところ、生活意識、生活様式のみにとどまらず、政治、経済、社会、文化などのすべての分野で中央集権化が進み、生活の基盤であるはずの地域社会における連帯感が日に日に薄れ、孤独感が深まって行く。われわれは、このような状況のもとでこそ、社会の基礎的単位であるコミュニティの果たすべき役割を再認識するとともに、豊かで多様性に富む地方文化の維持発展に努めたいと思う。

古来の相模、武蔵の地を占める神奈川県は、中世にあっては、鎌倉が幕府政治の中心地となり、近代においては、横浜が開港場として西洋文化の窓口となるなど、日本史の流れの中でかずかずのスポットライトを浴びた。

有隣新書は、これらの個々の歴史的事象や、人間と自然とのかかわり合い、ときには、現代の地域社会が直面しつつある諸問題をとりあげながらも、広く全国的視野、普遍的観点から、時流におもねることなく地道に考え直し、人知の新しい地平線を望もうとする読者に日々の糧を贈ることを目的として企画された。

古人も言った、「徳は孤ならず必ず隣有り」と。有隣堂の社名は、この聖賢の言葉に由来する。われわれは、著者と読者の間に新しい知的チャンネルの生まれることを信じて、この辞句を冠した新書を刊行する。

一九七六年七月十日　有隣堂

有隣新書〈既刊〉